国家职业技能等级证书评价改革培训教材·汽车维修工

汽车电器维修工

（五级、四级、三级）

广州市交通运输职业学校
广州市机动车维修行业协会　组织编写

何　才　主　编

人民交通出版社股份有限公司

北　京

内 容 提 要

本书为"国家职业技能等级证书评价改革培训教材·汽车维修工"之一，全书共四个项目，内容包括汽车维护、汽车发动机检修、汽车底盘检修、汽车电器检修。

本书可作为汽车电器维修工职业技能等级评定培训、企业培训教材，也可作为职业学校教学用书。

图书在版编目(CIP)数据

汽车电器维修工：五级、四级、三级/何才主编．—北京：人民交通出版社股份有限公司，2023.4
ISBN 978-7-114-18490-1

Ⅰ.①汽… Ⅱ.①何… Ⅲ.①汽车—电气设备—车辆修理—教材 Ⅳ.①U472.41

中国版本图书馆 CIP 数据核字(2022)第 256220 号

Qiche Dianqi Weixiugong(Wuji、Siji、Sanji)

书　　名：	汽车电器维修工(五级、四级、三级)
著 作 者：	何　才
责任编辑：	张越垚
责任校对：	赵媛媛　龙　雪
责任印制：	张　凯
出版发行：	人民交通出版社股份有限公司
地　　址：	(100011)北京市朝阳区安定门外外馆斜街 3 号
网　　址：	http://www.ccpcl.com.cn
销售电话：	(010)59757973
总 经 销：	人民交通出版社股份有限公司发行部
经　　销：	各地新华书店
印　　刷：	北京市密东印刷有限公司
开　　本：	787×1092　1/16
印　　张：	14.25
字　　数：	333 千
版　　次：	2023 年 4 月　第 1 版
印　　次：	2023 年 4 月　第 1 次印刷
书　　号：	ISBN 978-7-114-18490-1
定　　价：	45.00 元

(有印刷、装订质量问题的图书,由本公司负责调换)

国家职业技能等级证书评价改革培训教材·汽车维修工编写委员会

主 任 委 员 姚卫红　张志勤

副主任委员 谭宇新　张燕文　巫兴宏　肖泽民

委　　　员（按姓氏笔画排序）

　　　　　　王　锋　王婷婷　艾　刚　代　军　冯明杰　宁英毅
　　　　　　朱伟文　刘　戈　刘玉茂　刘健烽　李大广　李贤林
　　　　　　肖伟坚　肖泽民　何　才　余程刚　沈洪涛　张东燕
　　　　　　张　发　张光严　张会军　张润强　张锦津　陈楚文
　　　　　　胡锡锑　胡源卫　黄小镇　黄鸿涛　梁焰贤　揭光明
　　　　　　谢　明　蔡楚花　熊　汉

前言

为响应国务院关于深化"放管服"的工作要求和推进国家职业资格制度的改革,将技能人员水平类的评价由政府许可改为实行社会化职业技能等级认定,便于汽车维修从业人员持续学习和考取相应的职业技能等级证书,促进汽车维修行业从业人员的技能提升。广州市交通运输职业学校与广州市机动车维修行业协会联合编写了"国家职业技能等级证书评价改革培训教材·汽车维修工"系列培训教材共6册,分别是《汽车机械维修工(五级、四级、三级)》《汽车电器维修工(五级、四级、三级)》《汽车车身整形修复工(五级、四级、三级)》《汽车车身涂装修复工(五级、四级、三级)》《汽车维修检验工(五级、四级、三级)》《汽车美容装潢工(五级、四级)》。

本系列培训教材是以《国家职业技能标准——汽车维修工》(2018年版)为依据,以汽车售后服务企业岗位群的职业能力需求为导向,结合当下汽车产业发展趋势和汽车维修行业新技术、新规范、新工艺、新材料编写而成。

本系列教材中编写的对接行业和知名汽车厂商的技术标准,系根据汽车维修工工作岗位技能和知识要求,整合成典型工作任务。在内容上明确任务适用级别,图文并茂阐述专业知识,用表格形式规范任务操作过程,并客观评价任务完成质量,从而满足汽车维修岗位从业人员职业技能等级证书培训和认证需求,亦满足从业人员的继续教育学习需求。

本书是国家职业技能等级证书评价改革培训教材之一,由广州市交通运输职业学校何才主编,广州市交通运输职业学校梁焰贤、陈楚文、艾刚、朱伟文及广州市机动车维修行业协会肖伟坚、广州巴士集团有限公司修配一厂张光严参编。其中,梁焰贤编写项目一的任务1、2、4、5,何才编写项目一的任务3、6,项目二的任务1及项目四的任务3、9、13,陈楚文编写项目二的任务2~8,肖伟坚编写项目三的任务1~8,张光严编写项目四的任务1、2、4,艾刚编写项目四的任务5、6、7、10、11,朱伟文编写项目四的任务8和任务12。

由于编者学识和水平有限,书中难免有不妥之处,恳请使用本教材的老师和学生批评指正。

编　者
2022年12月

目 录

项目一 　汽车维护 ··· 1
　　任务 1　发动机一级维护(五级) ··· 1
　　任务 2　底盘一级维护(五级) ·· 6
　　任务 3　低压电气系统维护(五级) ··· 11
　　任务 4　发动机二级维护(四级) ·· 16
　　任务 5　底盘二级维护(四级) ··· 21
　　任务 6　电力驱动和动力电池系统维护(三级) ······························· 26

项目二 　汽车发动机检修 ·· 32
　　任务 1　发动机附件拆装(五级) ·· 32
　　任务 2　发动机技术参数检测(四级) ·· 37
　　任务 3　燃油、电控系统检修(四级) ·· 42
　　任务 4　进(排)气系统检修(四级) ·· 48
　　任务 5　润滑、冷却系统检修(四级) ·· 51
　　任务 6　燃油、电控系统单个故障诊断排除(三级) ························ 55
　　任务 7　进(排)气系统单个故障诊断排除(三级) ···························· 59
　　任务 8　润滑、冷却系统单个故障诊断排除(三级) ························ 63

项目三 　汽车底盘检修 ·· 68
　　任务 1　传动系统检修(四级) ··· 68
　　任务 2　行驶系统检修(四级) ··· 73
　　任务 3　转向系统检修(四级) ··· 77
　　任务 4　制动系统检修(四级) ··· 80

任务5　传动系统单个故障诊断排除(三级)　　85
任务6　行驶系统单个故障诊断排除(三级)　　92
任务7　转向系统单个故障诊断排除(三级)　　96
任务8　制动系统单个故障诊断排除(三级)　　100

项目四　汽车电器检修　　105

任务1　蓄电池、照明、信号装置拆装(五级)　　105
任务2　辅助电器系统拆装(五级)　　111
任务3　空调系统拆装(五级)　　115
任务4　蓄电池检修(四级)　　119
任务5　起动系统检修(四级)　　124
任务6　充电系统检修(四级)　　133
任务7　照明、信号及仪表系统检修(四级)　　141
任务8　辅助电器系统检修(四级)　　148
任务9　空调系统检修(四级)　　162
任务10　充电、起动系统单个故障诊断排除(三级)　　171
任务11　照明、信号及仪表单个故障诊断排除(三级)　　177
任务12　辅助电器系统单个故障诊断排除(三级)　　185
任务13　空调系统单个故障诊断排除(三级)　　197

模拟试题　　207

参考文献　　222

项目一　汽车维护

项目描述

汽车维护是汽车经一定的行驶里程或时间间隔后,根据汽车维护技术标准,按规定的工艺流程、作业范围、作业项目、技术要求等进行的预防性作业。汽车维护分为日常维护、一级维护和二级维护。日常维护由驾驶人完成,主要内容为清洁、补给和安全性能检视。一级维护和二级维护需由专业维修人员完成,一级维护的主要作业内容为润滑,紧固,检查制动、操纵等系统中的安全部件,二级维护的主要作业内容为检查调整制动系统、转向系统、悬架等安全部件,拆检轮胎,轮胎换位,检查调整发动机工作状况,检查调整排放系统等。

本项目通过对汽车一级维护、二级维护的流程和方法进行讲解,从而让你掌握汽车维护的专业知识和操作要点。

任务1　发动机一级维护(五级)

▶ 建议学时:2学时

一、知识要求

1. 掌握发动机一级维护项目、作业内容和技术要求。
2. 掌握发动机机油、冷却液的分类、选用、更换和安全注意事项。
3. 掌握发动机机油、冷却液泄漏检查方法。
4. 掌握废弃物的收集、储存方法。
5. 掌握冷却液冰点的检查方法。

二、技能要求

1. 能清洁、更换空气滤清器。
2. 能检查、调整发动机机油、冷却液的液位。
3. 能检查发动机机油、冷却液的泄漏情况。
4. 能更换机油及机油滤清器。
5. 能检查冷却液冰点。

> 任务准备

一、职业道德基础知识

1. 职业道德

职业道德是从事某种职业的人员在职业活动中应当遵守的道德规范的总和,它是一般社会道德在职业活动中的体现,在职业生活中形成和发展,用于调节职业活动中的特殊道德关系和利益矛盾。社会主义职业道德的基本要求是爱岗敬业、诚实守信、办事公道、服务群众和奉献社会。

2. 职业守则

汽车维修从业人员职业守则的主要内容有:遵守相关法律、法规和规定;爱岗敬业,忠于职守,诚实守信;认真负责,严于律己;刻苦学习,钻研业务,奉献社会;谦虚谨慎,团结协作;严格执行工艺文件,质量意识强;重视安全生产,环保意识强。

二、汽车维护基础知识

1. 汽车维护

根据《汽车维护、检测、诊断技术规范》(CB/T 18344—2016)的要求,汽车维护实行"预防为主、定期检测、强制维护"原则,分为日常维护、一级维护和二级维护。其中,汽车日常维护一般由驾驶人作业,汽车一级维护和二级维护由专业技术人员作业。

汽车维护的主要作业内容包括清洁、检查、紧固、调整、润滑和补给等。日常维护主要作业内容为清洁,补给和安全性能检视。一级维护主要作业内容为润滑,紧固,检查制动、操纵等系统中的安全部件。二级维护主要作业内容为检查调整制动系统、转向系统、悬架等安全部件,拆检轮胎,轮胎换位,检查调整发动机工作状况,检查调整排放系统等。

2. 全面质量管理

全面质量管理 TQM(Total Quality Management),是指一个组织以质量为中心,以全员参与为基础,目的在于通过顾客满意和本组织所有成员及社会收益而达到长期成功的管理途径。在全面质量管理中,质量与全部管理目标的实现有关。PDCA(Plan,Do,Check,Action)管理循环是全面质量管理最基本的工作程序,即计划、执行、检查和处理。

汽车维修质量检验是对汽车维修质量的评价和鉴定。汽车维修质量检验贯穿汽车维修的全过程,通过进厂接车检验确定维修方案,通过维修过程检验保证维修工艺和技术标准的实施,通过修复后检验判断车辆是否达到技术标准。

3. 废弃物的收集与储存

《中华人民共和国固体废物污染环境防治法》规定:产生、收集、贮存、运输、利用、处置固体废物的单位和其他生产经营者,应当采取防扬散、防流失、防渗漏或者其他防止污染环境的措施,不得擅自倾倒、堆放、丢弃、遗撒固体废物。

汽车维修作业中,属于汽车危险废物的包括:废旧机油和机油滤清器;发动机冷却液、制动液;制动器和离合器衬垫;空调系统制冷剂;蓄电池和酸性溶液;零件和设备清洁剂等。危险废物须采用专用容器储存和专用车辆运输,禁止将危险废物混入生活垃圾或其他废物。

三、发动机维护材料知识

1. 机油

常用的机油分类方法是美国石油协会(API)质量等级和美国汽车工程师学会(SAE)黏度等级。API质量等级用两个字母表示,第一个字母代表发动机类型,S表示汽油机,C表示柴油机,第二个字母由A开始并按字母表顺序排序,顺序越靠后,机油品质越高。SAE黏度等级用字母和数字表示,以SAE 10W-30为例,10、30分别表示低温和高温时的黏度,W表示冬季。第一个数字越小,发动机低温起动性能好;第二个数字越大,机油在高温下变稀的可能性越小,行驶性能更好。

选用机油主要依据生产厂家指引、运行地区气候、汽车发动机特点等。夏季可用高温稳定性较好的机油,即SAE数值偏大的机油。冬季可用低温起动性好的机油,即SAE数值偏小的机油。柴油机和汽油机对机油的要求不同,不能互用。机油会因氧化或受热等原因而变质,需要定期更换。

2. 冷却液

冷却液主要分为乙二醇型冷却液和丙二醇型冷却液,现普遍使用的是乙烯乙二醇类冷却液。冷却液的重要指标是冷却液的冰点,主要有-25号、-30号、-35号、-40号、-45号和-50号,冰点值由高到低依次排列。

选用冷却液主要依据生产厂家指引、运行地区气候、汽车发动机特点等。不同品牌或同一品牌不同型号的冷却液不能混用。冷却液属于危险废物,要按规定回收。

任务实施

一、实训资源

(1)实训场地:维修工位1个。

(2)实训车辆:轿车1辆。

(3)工具耗材与设备:维修手册(节选)1本,工具车1辆,常用工具1套,车辆护件1套,车轮挡块若干,机油回收装置1个、尾气收集系统1套,机油滤清器1个,机油及冷却液适量。

二、安全注意事项

(1)作业前,须做好个人和车辆防护,安装好相应的垫和套。

(2)按安全操作规程规范操作举升机。

(3)作业过程中,须做到工量具、设备零部件、油污不落地,按规定处理操作产生的危险废物。

三、操作过程

发动机一级维护操作方法及说明见表1-1。

发动机一级维护操作方法及说明　　　　　　　表 1-1

步　骤	操作方法及说明	质量标准及记录
1. 检查发动机舱	(1) 停稳车辆,起动发动机至正常工作温度后关闭,安装好防护的垫、套; (2) 打开发动机舱盖,目视检查发动机舱零部件; (3) 松开机油加注口盖; (4) 举升车辆,检查油底壳、油封、放油塞等有无渗漏	□车辆停放可靠,防护件安装正确 □发动机舱零部件外观正常 □机油无渗漏
2. 更换机油和机油滤清器	(1) 拆卸放油塞和密封垫圈,回收旧机油; (2) 用专用工具拆卸机油滤清器,检查、清洁滤清器座表面; (3) 在新的机油滤清器垫片上涂抹适量机油,用手轻缓地将机油滤清器安装就位,然后上紧,直到垫片接触到底座,再用专用工具按要求拧紧; (4) 更换放油塞或密封垫圈,并按规定力矩拧紧; (5) 放下车辆,按规定数量和标号加注新机油,安装机油加注口盖; (6) 起动发动机运行5min后关闭,经过5min(或稍长)后,使用机油尺检查机油液面,液面应在规定范围内	□系统无渗漏 □机油液面正常 更换机油和机油滤清器 □安装牢固,零件无损坏
3. 清洁、更换空气滤清器滤芯	(1) 拆卸进气管和空气滤清器盖,检查滤芯,必要时更换滤芯; (2) 用压缩空气按与进气流相反的方向清洁滤芯,并清洁空气滤清器壳内的灰尘; (3) 安装清洁后的空气滤清器滤芯或新空气滤清器滤芯;	□压缩空气的压力≤300kPa □空气滤清器滤芯清洁有效

续上表

步骤	操作方法及说明	质量标准及记录
3. 清洁、更换空气滤清器滤芯	新空气滤清器滤芯 (4)装上壳体盖和进气软管,并用卡箍紧固	清洁空气滤清器 □安装牢固,零件无损坏
4. 检查冷却液的液面高度和冰点	(1)检查冷却液的液面高度,液位应在LOW和FULL两线之间; (2)如液面下降不大,则添加冷却液至合适的高度;如液面下降幅度较大,则需检查水泵、散热器及连接处是否有泄漏; (3)检查冷却液的冰点。 注意:热车打开散热器盖时(如有),要防止冷却液溢出而伤人	□冷却液液面高度正常 检查冷却液液位 □冷却液无渗漏 □冷却液冰点正常
5. 完工整理	车辆、工具、设备、场地整理和复位	□按5S要求整理

任务评价

发动机一级维护考核评分记录见表1-2。

发动机一级维护考核评分记录表 表1-2

类别	序号	项目	考核内容及要求	配分	评分标准(各项配分扣完为止)	得分
专业知识 (20分)	1	汽车维护知识	正确叙述汽车维护的分类和作用	5	能回答问题,但回答不完整,按比例扣分;不能回答,扣5分	
	2	机油、冷却液知识	正确叙述机油、冷却液的分类、选用、更换和安全注意事项	5	能回答问题,但回答不完整,按比例扣分;不能回答,扣5分	
	3	全面质量管理知识	正确叙述全面质量管理的基本内容和意义	5	能回答问题,但回答不完整,按比例扣分;不能回答,扣5分	
	4	废弃物的收集与储存知识	正确叙述汽车维修常见危险废弃物和处置方法	5	能回答问题,但回答不完整,按比例扣分;不能回答,扣5分	

续上表

类别	序号	项目	考核内容及要求	配分	评分标准(各项配分扣完为止)	得分
操作技能 (80分)	1	劳保用品穿戴	劳保用品穿戴齐全	5	穿戴不全,不得分	
	2	选用工具、设备、材料	选用工具、设备、材料齐全准确	5	缺一件,扣1分;选错一件,扣1分	
	3	工作准备	准备项目齐全	5	准备不充分,一项扣2.5分	
	4	检查发动机舱	正确检查发动机舱和机油泄漏	5	方法错误,扣5分;未完成,扣2.5分	
		更换机油和机油滤清器	正确更换机油和机油滤清器	20	方法错误,扣20分;未完成,扣10分	
		清洁、更换空气滤清器滤芯	正确清洁、更换空气滤清器滤芯	10	方法错误,扣10分;未完成,扣5分	
		检查冷却液的液面高度和冰点	正确检查冷却液的液面高度和冰点	10	方法错误,扣10分;未完成,扣5分	
	5	使用工具、设备、材料	工具、设备使用正确	5	工具、设备、材料使用不正确,一种扣2分	
					损坏、丢失任意一件工具,不得分	
	6	操作规程	操作规程执行情况	10	违反操作规程,不得分	
	7	清理现场(5S管理)	清理、擦洗并回收工具和设备	5	少收一件工具、设备,扣1分	
		分数总计		100	最终得分	

考核员签字:_____   日期:_____年___月___日

任务2 底盘一级维护(五级)

▶ 建议学时:2学时

考核要求

一、知识要求

1. 掌握底盘一级维护项目、作业内容和技术要求。
2. 掌握底盘紧固作业安全注意事项。
3. 掌握螺栓和螺母的分类、规格及使用(螺栓螺母知识)。
4. 掌握车轮组成、结构和轮胎检查方法。
5. 掌握润滑油(脂)选用与加注方法。

二、技能要求

1. 能检查并紧固底盘螺栓、螺母。

2. 能检查车轮外观损伤、轮胎花纹深度和轮胎气压。
3. 能加注润滑油(脂)。
4. 能检查并调整变速器、制动、转向、传动等系统的油位和品质。

一、底盘维护基础知识

1. 车轮

车轮一般由轮毂、轮辐和轮辋所组成。轮毂通过圆锥滚柱轴承套装在车桥或转向节轴颈上,轮辋也叫钢圈,用以安装轮胎。按轮辐的构造,车轮可分为辐板式和辐条式两种。目前,普通级轿车和轻、中型载货汽车多采用辐条式车轮,高级轿车、重型载货汽车多采用辐板式车轮。

2. 轮胎

根据胎体帘线层排列的不同,轮胎分为子午线轮胎和斜交轮胎。目前轿车大多数使用子午线轮胎。

轮胎型号 195/65R15 91T 的含义为:195 表示断面宽度(mm),65 表示高宽比或扁平率(%),R 表示子午线轮胎,15 表示轮辋直径(英寸),91 表示载重质量指数,T 表示速度等级。轮胎生产日期用 4 位数字表示,如"0622",前 2 位数字表示轮胎生产周数为第 6 周,后 2 位数字表示生产的年份为 2022 年。标记"→"表示轮胎旋向,安装时不能装反。

3. 轴承和紧固件

轴承一般分为滑动轴承和滚动轴承两大类。滚动轴承一般由内圈、外圈、滚动体和保持架四部分组成。汽车常用轴承有深沟球轴承、调心球轴承、圆锥滚子轴承、推力球轴承和推力滚子轴承等。

汽车常用紧固件有螺栓、螺母、螺柱、螺钉、垫圈等。常见螺栓有六角头螺栓、U 形螺栓和双头螺栓。螺栓型号 M8×1.25-4T 的含义:M 表示螺纹类型,8 表示螺栓外径(mm),1.25 表示螺距(mm),4T 表示螺栓强度。六角头螺栓和螺母的规格如图 1-1 所示。

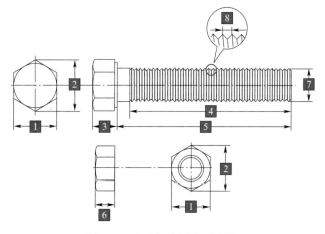

图 1-1 六角头螺栓和螺母的规格
1-跨面宽度;2-跨角宽度;3-头部高度;4-螺纹长度;5-名义长度;6-螺帽高度;7-螺纹直径;8-螺距

二、底盘维护材料知识

1. 变速器油

变速器油分为手动变速器油(MTF)和自动变速器油(ATF)等。手动变速器油又称为齿轮油,主要作用是润滑、清洁、防锈等。自动变速器油(ATF)具有传动、润滑、清洁、防锈和冷却等作用,两者不能混用。按厂商的要求使用规定型号的变速器油,并定期更换。

2. 制动液

制动液是液压制动系统中传递制动压力的液态介质,主要作用是传递液压力。根据沸点不同,车用制动液一般分为 DOT3、DOT4、DOT5 三种。如果混用不同品牌的制动液,容易造成化学反应而腐蚀管路和橡胶。按厂商的要求使用规定型号的制动液,并定期更换。

3. 动力转向液

动力转向液是动力转向辅助系统的液压力传输介质,起到传递转向力和缓冲作用。动力转向液具有腐蚀性,对车辆油漆和人体有害。按厂商的要求使用规定型号的动力转向液,并定期更换。

4. 润滑脂

润滑脂多是半固体,最为广泛的润滑脂是皂基润滑脂,其他常用润滑脂有钙基、钠基、锂基、钙钠基和复合钙基等润滑脂。加注润滑脂的常用方法一般有"人工加注"和"泵集中加注"两种。加注润滑脂要适量,不同类型、型号的润滑脂不能混用。加注润滑脂时,应将旧润滑脂挤出,直至见到新润滑脂为止。

任务实施

一、实训资源

(1)实训场地:维修工位 1 个。
(2)实训车辆:轿车 1 辆。
(3)工具耗材与设备:维修手册(节选)1 本,工具车 1 辆,常用工具 1 套,车辆护件 1 套,车轮挡块若干,变速器油、制动液、动力转向液、润滑脂等适量。

二、安全注意事项

(1)作业前,须做好个人和车辆防护,安装好相应的垫和套。
(2)按安全操作规程规范操作举升机。
(3)作业过程中,须做到工量具、设备零部件、油污不落地,按规定处理操作产生的危险废物。

三、操作过程

底盘一级维护操作方法及说明见表 1-3。

底盘一级维护操作方法及说明　　　　　　　　　表1-3

步骤	操作方法及说明	质量标准及记录
1. 手动变速器维护	(1) 检查变速器有无渗漏； (2) 检查各连接是否紧固； (3) 检查变速器齿轮油液面的高度应在规定标线内； (4) 检查变速器通气孔是否清洁、通畅	□变速器油无渗漏 □螺栓连接紧固 □变速器油液面高度正常 □通气孔清洁、通畅
2. 制动系统维护	(1) 检查制动液液面是否正常范围，必要时添加； (2) 检视制动液的稠度和颜色是否正常，必要时更换制动液； (3) 检视制动管路有无泄漏； (4) 换用新的制动液后需对制动系统进行排气	□制动液液面正常 □制动管路有无泄漏
3. 驱动桥及传动装置维护	(1) 清洁传动轴和万向节； (2) 检查各连接螺栓、螺母是否紧固； (3) 检查各润滑脂油嘴是否完好，必要时加注润滑脂； (4) 检查壳体是否有渗漏； (5) 检查润滑油量是否合适，必要时需添加	□螺栓螺母连接牢固 □油液无渗漏
4. 转向系统维护	(1) 检查系统的各轴承和球销、横直、拉杆的球销是否正常； (2) 检查转向器是否有渗漏； (3) 检查转向器、传动机构连接有无松动； (4) 检查动力转向系统油液液面是否正常，必要时添加	□螺栓连接牢固 □球头无松动 □转向灵便 □油液无渗漏

续上表

步骤	操作方法及说明	质量标准及记录
5.车轮和轮胎维护	(1)紧固轮胎螺栓,检查轮胎气门嘴是否完好和漏气; (2)检查轮胎(包括备胎)气压,必要时按标准补气; (3)检视轮胎花纹中的夹石子和杂物,必要时清除; (4)检查轮胎磨损情况,轮胎花纹的深度应在规定范围 胎面磨损指示标记　　　1.6mm	□轮胎(备胎)气压正常 □轮胎无异常磨损 □轮胎花纹深度≥1.6mm(磨损标志)
6.完工整理	车辆、工具、设备、场地整理和复位	□按5S要求整理

任务评价

底盘一级维护考核评分记录见表1-4。

底盘一级维护考核评分记录表　　　　表1-4

类别	序号	项目	考核内容及要求	配分	评分标准(各项配分扣完为止)	得分
专业知识(20分)	1	车轮和轮胎知识	正确叙述车轮和轮胎的组成、结构	5	能回答问题,但回答不完整,按比例扣分;不能回答,扣5分	
	2	轴承和紧固件知识	正确叙述轴承和紧固件的作用和类型	5	能回答问题,但回答不完整,按比例扣分;不能回答,扣5分	
	3	底盘常用油液知识	正确叙述变速器油、制动液和动力转向液的作用和基本性质	5	能回答问题,但回答不完整,按比例扣分;不能回答,扣5分	
	4	润滑脂知识	正确叙述润滑脂的选用与加注方法	5	能回答问题,但回答不完整,按比例扣分;不能回答,扣5分	
操作技能(80分)	1	劳保用品穿戴	劳保用品穿戴齐全	5	穿戴不全,不得分	
	2	选用工具、设备、材料	选用工具、设备、材料齐全准确	5	缺一件,扣1分;选错一件,扣1分	
	3	工作准备	准备项目齐全	5	准备不充分一项,扣2.5分	
	4	手动变速器维护	正确检查变速器油、螺栓连接情况和通气孔状况	5	方法错误,扣5分;未完成,扣2.5分	
		制动系统维护	正确检查制动液和制动管路	10	方法错误,扣10分;未完成,扣5分	
		驱动桥及传动装置维护	正确检查传动轴、万向节、螺栓连接情况和油液状况	10	方法错误,扣10分;未完成,扣5分	
		转向系统维护	正确检查动力转向液、转向传动机构球头和螺栓连接情况	10	方法错误,扣10分;未完成,扣5分	

续上表

类别	序号	项目	考核内容及要求	配分	评分标准(各项配分扣完为止)	得分
操作技能 (80分)	4	车轮和轮胎维护	正确紧固车轮,检查轮胎外观、气压和磨损情况	10	方法错误,扣10分;未完成,扣5分	
	5	使用工具、设备、材料	工具、设备使用正确	5	工具、设备、材料使用不正确,一种扣2分	
					损坏、丢失任意一件工具,不得分	
	6	操作规程	操作规程执行情况	10	违反操作规程,不得分	
	7	清理现场 (5S管理)	清理、擦洗并回收工具和设备	5	少收一件工具、设备,扣1分	
分数总计				100	最终得分	

考核员签字:_____　　　　　　　　　　　　日期:_____年___月___日

任务3　低压电气系统维护(五级)

▶ 建议学时:2学时

考核要求

一、知识要求

1. 灯光、仪表、信号系统功能的检查方法。
2. 喇叭、刮水器、中控门锁、电动后视镜、电动座椅等辅助电气系统功能的检查方法。
3. 空调系统功能的检查方法。
4. 蓄电池外观及极桩连接、清洁状况的检查方法。

二、技能要求

1. 能检查灯光、仪表、信号系统的功能。
2. 能检查喇叭、刮水器、中控门锁、电动后视镜、电动座椅等辅助电气系统功能。
3. 能检查空调系统功能。
4. 能检查蓄电池极桩连接状况并清洁。

任务准备

1. 汽车电路基础知识

汽车电路属于直流电路,主要由电源、用电器和中间环节等组成,如图1-2所示。

汽车的电源为蓄电池和发电机。蓄电池与发电机并联,蓄电池正极通过开关、熔断器等与用电器连接,负极与车身搭铁。用电器工作时将电能转化为其他形式的能量,如起动机、灯、喇叭等。充电时,蓄电池相当于一个用电器。中间环节在电源和负载之间形成回路并控制电路的工作,包括各种导线、开关、熔断器、继电器等。

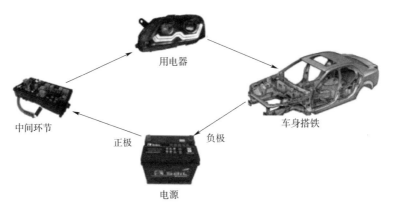

图1-2 汽车电路的基本组成

汽车电路有通路、断路、短路和接触不良四种工作状态。通路时电流经过用电器,电路正常工作。断路也称开路,电路中的电流为零,用电器不工作。短路时,电路中的电流迅速增大,可通过熔断器等进行保护。接触不良时电路中电阻增大,电流减小,电路不能正常工作。

2.汽车电气设备构造与工作原理

汽车电气设备可分为发动机电器和车身电器。发动机电器主要包括电源系统、起动系统和点火系统等。车身电器主要包括照明系统、仪表系统、信号系统、辅助电气系统和空调系统等。

汽车电器的基本工作原理为:蓄电池提供低压直流电,当开关接通时,电流经过用电器将电能转化为其他形式的能量,并经车身搭铁回到电源负极。

任务实施

一、实训资源

(1)实训场地:维修工位1个。

(2)实训车辆:轿车1辆。

(3)工具耗材与设备:维修手册(节选)1本,工具车1辆,常用工具1套,车辆护件1套,车轮挡块若干,尾气收集系统1套。

二、安全注意事项

(1)起动前,检查确认已安装车轮挡块、拉紧驻车制动器、变速器换挡杆位于P挡,确保安全后才能起动车辆。

(2)车辆起动后,禁止挂入D挡、踩加速踏板。

(3)操作时,为确保安全,可将车辆举升至车轮离地。

三、操作过程

低压电气系统维护操作方法及说明见表1-5。

低压电气系统维护操作方法及说明　　　　　表 1-5

步　骤	操作方法及说明	质量标准及记录
1. 工作准备	(1) 个人防护:穿工作服、工作鞋; (2) 检查所需的实训设备、工具、资料等; (3) 车辆防护:安装车轮挡块、安装尾气收集装置、铺设车辆护件、拉紧驻车制动器、确认变速器换挡杆位于 P 挡; (4) 检查机油、冷却液、制动液和蓄电池电压是否正常	□个人防护用品穿戴正确 □设备、工具和资料等齐全、完好 □车辆停放可靠,防护件安装正确 □油液正常,蓄电池静态电压大于 12V
2. 检查灯光和信号系统(两人配合)	(1) 操作灯光开关,检查车外灯光和信号功能是否正常:前后示廓灯(小灯)、牌照灯、近光灯、远光灯、超车灯、前后转向信号灯、前后危险警告灯、前后雾灯、倒车灯、制动灯; (2) 操作灯光开关,检查车内灯光功能是否正常:门控灯、阅读灯、仪表灯、杂物箱灯、行李舱灯	□车外灯光和信号功能正常 前照灯检查 □车内灯光功能正常
3. 检查组合仪表	(1) 打开点火开关,检查仪表自检情况; (2) 起动发动机,检查仪表指示、故障警告灯状态和故障信息等	□组合仪表自检正常 □组合仪表指示正常,无故障信息

续上表

步　骤	操作方法及说明	质量标准及记录
4. 检查辅助电气系统	(1)按压喇叭开关,检查喇叭功能是否正常; (2)操作喷水器和刮水器组合开关,检查喷水器和刮水器各挡位功能是否正常:喷水、除雾(MIST)、低速(LO)、间歇(INT)、高速(HI); (3)操作中控门锁,检查中控门锁功能是否正常; (4)操作电动后视镜开关,检查左右电动后视镜的功能是否正常; (5)操作电动座椅开关,检查电动车窗功能是否正常; (6)操作电动车窗/天窗开关,检查电动车窗功能是否正常	□喇叭功能正常 □刮水器和喷水器功能正常 □中控门锁功能正常 □电动后视镜功能正常 □电动座椅功能正常 □电动车窗/天窗功能正常
5. 检查空调系统	(1)起动发动机,确保工作温度正常,打开所有车窗和车门; (2)打开空调,温度调至最低,风量调至最大,按下 A/C 开关,空气循环调至外循环,发动机的转速稳定在 1500r/min; (3)检查空调进风口温度、湿度和出风口的温度,应符合维修手册要求; (4)把空调温度开关调至最高温度,检查制热效果	□空调出风量正常 □空调制冷功能功能正常 □空调制热功能正常
6. 检查蓄电池	(1)在发动机未起动状态下,检查蓄电池安装是否牢固,接线是否牢固,并清洁极桩; (2)检查蓄电池外观有无裂纹、漏液等异常情况; (3)检查蓄电池电解液液位(如有); (4)观察电量指示器,检查蓄电池电量(如有)	□电池极桩清洁、安装牢固、接线牢固 检查蓄电池 外观 □蓄电池外观无裂纹和漏液等缺陷 □电解液液位正常 □蓄电池电量正常
7. 完工整理	车辆、工具、设备、场地整理和复位	□按 5S 要求整理

任务评价

低压电气系统维护考核评分记录见表1-6。

低压电气系统维护考核评分记录表　　　表1-6

类别	序号	项　目	考核内容及要求	配分	评分标准（各项配分扣完为止）	得分
专业知识（20分）	1	汽车电路基础知识	正确说出汽车电路的主要构成和作用	5	能回答问题，但回答不完整，按比例扣分；不能回答，扣5分	
			正确说出汽车电路的4种工作状态	5	能回答问题，但回答不完整，按比例扣分；不能回答，扣5分	
	2	汽车电气设备构造原理基础知识	正确叙述汽车电气设备的组成	5	能回答问题，但回答不完整，按比例扣分；不能回答，扣5分	
			正确叙述汽车电气设备基本工作原理	5	能回答问题，但回答不完整，按比例扣分；不能回答，扣5分	
操作技能（80分）	1	劳保用品穿戴	劳保用品穿戴齐全	5	穿戴不全，不得分	
	2	选用工具、设备、材料	选用工具、设备、材料齐全准确	5	缺一件，扣1分；选错一件，扣1分	
	3	工作准备	准备项目齐全	5	准备不充分一项，扣2.5分	
	4	检查灯光、仪表和信号系统	正确检查灯光、仪表和信号系统各项功能	15	方法错误，扣15分；未完成，扣7.5分	
		检查辅助电气系统	正确检查喇叭、刮水器、中控门锁、电动后视镜、电动座椅等辅助电气系统功能	10	方法错误，扣10分；未完成，扣5分	
		检查空调系统	正确检查空调系统功能	10	方法错误，扣10分；未完成，扣5分	
		检查蓄电池	正确检查蓄电池外观、极桩连接状况并清洁	10	方法错误，扣10分；未完成，扣5分	
	5	使用工具、设备、材料	工具、设备使用正确	5	工具、设备、材料使用不正确，一种扣2分	
					损坏、丢失任意一件工具，不得分	
	6	操作规程	操作规程执行情况	10	违反操作规程，不得分	
	7	清理现场（5S管理）	清理、擦洗并回收工具和设备	5	少收一件工具、设备，扣1分	
		分数总计		100	最终得分	

考核员签字：_____　　　　　　　　　　　　　日期：_____年____月____日

任务4　发动机二级维护(四级)

▶ 建议学时:2学时

考核要求

一、知识要求

1. 掌握发动机二级维护项目、作业内容和技术要求。
2. 掌握进(排)气系统密封性检查技术要求。
3. 掌握发动机传动带检查调整操作方法和技术要求。
4. 掌握正时传动带、正时链条更换操作方法和技术要求。
5. 掌握发动机悬置总成更换操作方法和技术要求。

二、技能要求

1. 能更换燃油滤清器。
2. 能检查进(排)气系统及其泄漏。
3. 能检查、调整及更换发动机传动带。
4. 能检查、更换发动机正时传动带或正时链条。
5. 能更换发动机悬置总成。

任务准备

1. 燃油滤清器

燃油滤清器的作用是过滤燃油中的杂质,保证燃油系统精密部件正常工作。常见的燃油滤清器有汽油滤清器和柴油滤清器,柴油滤清器又分为油水分离器和柴油细滤器。燃油滤清器多采用金属外壳,纸质滤芯。燃油滤清器长期使用后过滤效果会下降,需要定期更换。安装燃油滤清器时,应确保方向正确,连接可靠。

2. 进(排)气系统

进气系统的作用是将足量的新鲜空气引入发动机汽缸,主要由空气滤清器、进气管道、节气门体、进气歧管等组成,有些车辆进气系统还装有增压器和中冷器。排气系统的作用是将燃烧后的废气排出汽缸,并控制排气污染和噪声。排气系统主要由排气歧管、三元催化装置、排气管、消声器等组成。

3. 传动带

传动带也称为附件带,由发动机前端传动带轮驱动,带动发电机、空调压缩机、动力转向油泵、水泵等附件工作。按断面形状不同,传动带一般分为V形带、多楔带等,现代汽车普遍采用多楔带,具备传动功率大、结构紧凑等优点。采用手动或自动张紧装置来保证传动带合适的张紧度。传动带长期工作会出现疲劳,需要定期更换。安装传动带应确保正确的位置、方向和张紧度。

4. 正时传动带和正时链条

正时传动带是发动机配气机构气门传动组零件,用于在曲轴和凸轮轴之间传递力和力矩,确保发动机工作时活塞运动和气门开闭之间相互协调。正时传动带长期工作也会出现工作疲劳,需要定期更换。安装正时传动带时,应确保正确的位置、方向和张紧度,同时对准正时记号。有些发动机采用正时链条代替正时传动带,延长了使用寿命。正时链条工作时需要进行定期润滑。

 任务实施

一、实训资源

(1)实训场地:维修工位1个。
(2)实训车辆:轿车1辆。
(3)工具耗材与设备:维修手册(节选)1本,工具车1辆,常用工具1套,真空表1个,车辆护件1套,车轮挡块若干,灭火器1具,燃油滤清器1个,传动带1条,正时传动带和正时链条各1条。

二、安全注意事项

(1)作业前,须做好个人和车辆防护,安装好相应的垫和套。
(2)按安全操作规程规范操作举升机。
(3)更换汽油滤清器时,做好防火措施。
(4)作业过程中,须做到工量具、设备零部件、油污不落地,按规定处理操作产生的危险废物。

三、操作过程

发动机二级维护操作方法及说明见表1-7。

发动机二级维护操作方法及说明　　　　　　　表1-7

步　　骤	操作方法及说明	质量标准及记录
1.更换燃油滤清器	(1)释放燃油系统压力。从熔断器盒中拆卸燃油泵熔断器,起动发动机运转至熄火; (2)拆卸安装架的螺栓,断开进/出油管,拆卸燃油滤清器; (3)按滤清器箭头指向燃油流动方向,连接进/出油管并用卡箍紧固,安装燃油滤清器安装架及新的燃油滤清器; (4)安装燃油泵熔断器并起动发动机,检查燃油滤清器及油管连接处有无泄漏。 注意:不同车型燃油滤清器位置和更换方法可能有差异,具体参考厂家维修手册	□拆卸燃油滤清器前,释放燃油系统压力 更换燃油滤清器 □燃油滤清器及油管连接处无泄漏

续上表

步 骤	操作方法及说明	质量标准及记录
2.检查发动机进(排)气系统密封性	(1)起动发动机,检查进气系统连接管路接头处有无漏气; (2)检视排气系统有无泄漏,排气管有无锈蚀破损,排气管螺栓有无松动,排气噪声是否正常	□进气系统无泄漏 □排气系统无泄漏,排气管完好 □密封垫圈完好 □排气管螺栓牢固 □排气噪声正常
3.检查、更换传动带	(1)拆卸传动带前,做好方向标记; (2)将传动带张紧度调至最松状态,取下传动带; (3)检查传动带外观; (4)按方向标记安装传动带,调整传动带张紧度,检查安装情况	□传动带无脱层、龟裂或变形 □传动带张紧度符合要求 偏移 <table><tr><td>项目</td><td>规定状态</td></tr><tr><td>新传动带</td><td>7.5~8.6mm (0.30~0.34in.)</td></tr><tr><td>用过的传动带</td><td>8.0~10.0mm (0.32~0.39in.)</td></tr></table> 张紧度 <table><tr><td>项目</td><td>规定状态</td></tr><tr><td>新传动带</td><td>637~735N</td></tr><tr><td>用过的传动带</td><td>392~588N</td></tr></table> □传动带安装位置正确

续上表

步　骤	操作方法及说明	质量标准及记录
4.更换正时传动带(正时链条)	（1）拆下正时传动带护罩，松开张紧装置，取下正时传动带； （2）转动曲轴带轮和凸轮轴带轮，对准正时标记； （3）安装正时传动带和张紧装置，转动曲轴2圈，检查正时记号、张紧度和安装情况。 注意：不同车型更换方法和正时记号位置不同，具体参考厂家维修手册	□正时传动带张紧度符合要求 □正时记号正确 □正时传动带安装位置正确
5.更换发动机悬置总成	（1）拆除发动机悬置总成上的附件； （2）用钢索将发动机提升托架连接至发动机提升装置上，拉紧钢索直至张紧，拆除紧固悬置总成的螺栓； （3）拉动钢索使发动机提升至合适高度，拆下旧的悬置总成； （4）将新悬置总成安装到位并装上贯穿螺栓，放下发动机总成，紧固贯穿螺栓，移除发动机提升托架	□悬置总成安装正确 □螺栓连接牢固
6.完工整理	车辆、工具、设备、场地整理和复位	□按5S要求整理

任务评价

发动机二级维护考核评分记录见表1-8。

发动机二级维护考核评分记录表

表 1-8

类别	序号	项目	考核内容及要求	配分	评分标准(各项配分扣完为止)	得分
专业知识（20分）	1	燃油滤清器知识	正确叙述燃油滤清器的结构和作用	5	能回答问题,但回答不完整,按比例扣分;不能回答,扣5分	
	2	进(排)气系统知识	正确叙述进(排)气系统的组成和作用	5	能回答问题,但回答不完整,按比例扣分;不能回答,扣5分	
	3	传动带知识	正确叙述传动带的作用	5	能回答问题,但回答不完整,按比例扣分;不能回答,扣5分	
	4	正时传动带和正时链条知识	正确叙述正时传动带和正时链条的作用和特点	5	能回答问题,但回答不完整,按比例扣分;不能回答,扣5分	
操作技能（80分）	1	劳保用品穿戴	劳保用品穿戴齐全	5	穿戴不全,不得分	
	2	选用工具、设备、材料	选用工具、设备、材料齐全准确	5	缺一件,扣1分;选错一件,扣1分	
	3	工作准备	准备项目齐全	5	准备不充分一项,扣2.5分	
	4	更换燃油滤清器	正确更换燃油滤清器	10	方法错误,扣10分;未完成,扣5分	
		检查发动机进(排)气系统密封性	正确检查发动机进(排)气系统密封性	5	方法错误,扣5分;未完成,扣2.5分	
		检查、更换传动带	正确检查、更换传动带	10	方法错误,扣10分;未完成,扣5分	
		更换正时传动带(正时链条)	正确更换正时传动带(正时链条)	15	方法错误,扣15分;未完成,扣7.5分	
		更换发动机悬置总成	正确更换发动机悬置总成	5	方法错误,扣5分;未完成,扣2.5分	
	5	使用工具、设备、材料	工具、设备使用正确	5	工具、设备、材料使用不正确,一种扣2分	
					损坏、丢失任意一件工具,不得分	
	6	操作规程	操作规程执行情况	10	违反操作规程,不得分	
	7	清理现场(5S管理)	清理、擦洗并回收工具和设备	5	少收一件工具、设备,扣1分	
		分数总计		100	最终得分	

考核员签字：_____　　　　　　　　　　　日期：_____年___月___日

任务5　底盘二级维护(四级)

▶ 建议学时:2学时

考核要求

一、知识要求

1. 掌握底盘二级维护项目、作业内容和技术要求。
2. 掌握二级维护竣工检测项目、技术要求。
3. 掌握二级维护作业安全注意事项。

二、技能要求

1. 能检查、调整离合器踏板、制动踏板自由行程。
2. 能检查万向节、传动轴技术状况。
3. 能检查、调整转向拉杆及球头。
4. 能检查悬架弹簧、减振器技术状况。
5. 能检查、调整轮毂轴承间隙。
6. 能检查、调整制动器和更换制动摩擦片(含驻车制动器)。

任务准备

1. 离合器踏板自由行程

踩下离合器踏板,离合器踏板从由自由状态到离合器开始分离(有较大阻力时),踏板运动的距离称为离合器踏板自由行程,如图1-3所示。离合器踏板自由行程反映了分离杠杆和分离轴承之间间隙。离合器踏板自由行程过小,容易造成离合器打滑和磨损;自由行程过大,容易出现离合器分离不彻底、变速器换挡困难。离合器踏板自由行程需要定期检查和调整。

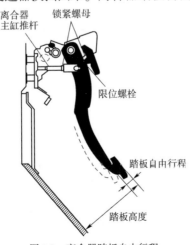

图1-3　离合器踏板自由行程

2. 制动踏板自由行程

按下制动踏板,制动踏板由自由状态运动至感到略有阻力时,制动踏板运动的距离称为制动踏板自由行程。制动踏板自由行程过小,容易造成制动拖滞;制动踏板自由行程过大,会延长制动时间给行车带来危险。制动踏板自由行程也需要定期检查和调整。

任务实施

一、实训资源

(1)实训场地:维修工位 1 个。
(2)实训车辆:手动挡轿车 1 辆。
(3)工具耗材与设备:维修手册(节选)1 本,工具车 1 辆,常用工具 1 套,钢直尺 1 把,车辆护件 1 套,车轮挡块若干。

二、安全注意事项

(1)作业前,须做好个人和车辆防护,安装好相应的垫和套。
(2)按安全操作规程规范操作举升机。
(3)作业过程中,须做到工量具、设备零部件、油污不落地,按规定处理操作产生的危险废物。

三、操作过程

底盘二级维护操作方法及说明见表 1-9。

表 1-9 底盘二级维护操作方法及说明

步骤	操作方法及说明	质量标准及记录
1. 检查、调整离合器踏板自由行程	(1)取下分离叉复位弹簧并扳动分离叉,检测分离叉外端的移动量(约 4 mm),此间隙可通过调整离合器主缸推杆的长度进行调整; (2)轻压离合器踏板至微有阻力,检测主缸推杆与活塞之间的间隙(约 6mm),此间隙可通过踏板螺栓或主缸推杆长度进行调整; (3)检测离合器踏板自由状态和轻压至微有阻力时两次的高度差,即为离合器踏板的自由行程	□离合器踏板自由行程符合维修手册规定 □各螺栓连接牢固

续上表

步　骤	操作方法及说明	质量标准及记录
2.检查、调整制动踏板自由行程	（1）检测制动踏板自由状态和轻压至微有阻力时两次的高度差，即制动踏板自由行程； （2）通过调整液压主缸活塞与活塞推杆之间的间隙来调整制动踏板的行程（约8～15mm），或转动主缸活塞推杆与踏板臂连接的偏心螺栓进行调整。 注意：若装备真空助器，应在发动机熄火并使真空度为零的条件下进行检查或调整	□制动踏板自由行程符合维修手册规定 □各螺栓连接牢固 调整制动踏板行程
3.检查、调整转向拉杆及球头	（1）用手握住销柄，向各个方向转动，检查球头有无松旷，手感转动灵活稍有阻力为宜，如松旷则调整或更换； （2）检视各球头有无渗漏、螺栓有无松脱，拉杆有无弯曲变形	□球头无渗漏、松旷 □螺栓连接牢固 □拉杆无弯曲变形
4.检查万向节、传动轴	除进行一级维护的项目外，还应进行如下作业： （1）检查传动轴有无弯曲、平衡块有无脱落、橡胶防尘罩有无裂纹、损坏，卡箍牢固； （2）检查万向节有无松旷，轴承有无轴向和径向的松动、异响； （3）中间支承轴承（如有）有无松旷、异响，橡胶垫圈有无破损； （4）检查各轴承润滑情况，是否需添加润滑脂	□传动轴无弯曲、平衡块无脱落 □橡胶防尘罩无裂纹、损坏 □万向节十字轴承无松动、异响 □中间支承轴承无松旷、异响，橡胶垫圈无破损 □润滑良好

续上表

步骤	操作方法及说明	质量标准及记录
5.检查悬架弹簧	(1)检查螺旋弹簧有无断裂、弹性减弱或失效； (2)检查钢板弹簧有无裂纹、断裂或移位； (3)检查钢板弹簧各支架、吊耳有无裂纹，U形螺栓的螺纹有无损坏	□螺旋弹簧无断裂、失效 □钢板弹簧无裂纹、移位 □各支架、吊耳无裂纹，U形螺栓无损坏
6.检查减振器	(1)检视减振器有无油液渗漏、螺栓有无松动； 减振器中漏油 (2)汽车运行后用手触摸减振器筒体，如果筒体发热、烫手，表示减振器工作正常，若感觉筒体温度太低，减振器可能缺油或失效，视情修理	□减振器应无油液渗漏，螺栓连接牢固 □工作正常
7.检查、调整轮毂轴承	(1)用手推拉轮毂，检查轮毂轴承有无径向和轴向松动； (2)检查轴承保持架有无缺口、裂纹、松动或滚珠脱出； (3)轮毂轴承的滚珠、滚道有无伤痕、剥落、黑斑或烧损； (4)调整轮毂轴承的螺母，以规定力矩上紧调整螺母，按规定力矩锁紧螺母，插上定位销等	□轮毂能自由旋转，无明显的轴向松动和摆动 □无油液渗漏 □螺栓连接牢固
8.检查盘式制动器	(1)检视制动油缸有无渗漏，密封圈及防尘罩有无老化； (2)检视制动块有无油污、裂纹，磨损是否到极限（可用游标卡尺测量厚度或观察磨损指示器）； (3)检查内、外制动块的磨损是否均匀，如不均匀则需检修卡钳； (4)检查制动盘有无裂纹、磨损、变形； (5)检查卡钳有无沟槽、裂纹，并清洁	□制动油缸无渗漏，密封圈及防尘罩无老化 □制动块磨损在正常范围 □制动盘无裂纹、变形 □检查制动卡钳无沟槽、裂纹、清洁

续上表

步　骤	操作方法及说明	质量标准及记录
9. 检查、调整驻车制动器	（1）检查驻车制动器操纵杆、棘轮是否完好； （2）举升车辆，检视驻车制动拉索是否完好； （3）在操纵杆拉紧和放松状态下，检查驻车制动器是否有效和车轮能否自由转动； （4）拉紧操纵杆，检查后轮棘爪在齿扇的位置，如不符合规定，则调整驻车制动器操纵杆的调整螺母	□驻车制动拉索完好 □驻车制动器功能有效 □各连接牢固
10. 完工整理	车辆、工具、设备、场地整理和复位	□按5S要求整理

任务评价

底盘二级维护考核评分记录见表1-10。

底盘二级维护考核评分记录表　　　　　表1-10

类别	序号	项　目	考核内容及要求	配分	评分标准（各项配分扣完为止）	得分
专业知识 （20分）	1	离合器踏板自由行程知识	正确叙述离合器踏板自由行程的概念和作用	10	能回答问题，但回答不完整，按比例扣分；不能回答，扣10分	
	2	制动踏板自由行程知识	正确叙述制动踏板自由行程的概念和作用	10	能回答问题，但回答不完整，按比例扣分；不能回答，扣10分	
操作技能 （80分）	1	劳保用品穿戴	劳保用品穿戴齐全	5	穿戴不全，不得分	
	2	选用工具、设备、材料	选用工具、设备、材料齐全准确	5	缺一件，扣1分；选错一件，扣1分	
	3	工作准备	准备项目齐全	5	准备不充分一项，扣2.5分	
	4	检查、调整离合器踏板自由行程	正确检查、调整离合器踏板自由行程	10	方法错误，扣10分；未完成，扣5分	
		检查、调整制动踏板自由行程	正确检查、调整制动踏板自由行程	5	方法错误，扣5分；未完成，扣2.5分	
		检查传动、转向和悬架系统部件	正确检查传动、转向和悬架系统部件	10	方法错误，扣10分；未完成，扣5分	
		检查、调整轮毂轴承	正确检查、调整轮毂轴承	5	方法错误，扣5分；未完成，扣2.5分	
		检查盘式制动器	正确检查盘式制动器	10	方法错误，扣10分；未完成，扣5分	
		检查、调整驻车制动器	正确检查、调整驻车制动器	5	方法错误，扣5分；未完成，扣2.5分	

续上表

类别	序号	项目	考核内容及要求	配分	评分标准(各项配分扣完为止)	得分
操作技能 (80分)	5	使用工具、设备、材料	工具、设备使用正确	5	工具、设备、材料使用不正确,一种扣2分	
					损坏、丢失任意一件工具,不得分	
	6	操作规程	操作规程执行情况	10	违反操作规程,不得分	
	7	清理现场 (5S管理)	清理、擦洗并回收工具和设备	5	少收一件工具、设备,扣1分	
分数总计				100	最终得分	

考核员签字:_____　　　　　　　日期:_____年___月___日

任务6　电力驱动和动力电池系统维护(三级)

▶ 建议学时:2学时

 考核要求

一、知识要求

1. 掌握高压电安全防护相关知识及作业专用工具选用与使用方法。
2. 掌握高压维修开关相关知识与安全操作要求。
3. 掌握动力电池结构及清洁方法。
4. 掌握动力电池连接线检查方法及技术要求。

二、技能要求

1. 能使用高压维修开关。
2. 能清洁动力电池。
3. 能检查动力电池连线状况。

 任务准备

一、电力驱动和动力电池系统维护基础知识

1. 电动汽车知识

电动汽车是以车载电源为动力的车辆,可分为纯电动汽车、混合动力电动汽车和燃料电池电动汽车三大类。

纯电动汽车是指驱动能量完全由电能提供、由电机驱动的汽车。其完全由可充电电池提供动力源,以电动机为驱动系统。纯电动汽车电力驱动系统主要由车载电源模块、电力驱动模块和辅助模块等组成。电源模块主要包括动力电池、电池管理系统及车载充电机等。

电力驱动模块由电子控制器、驱动电机控制器、驱动电机、机械传动装置和车轮等部分构成。辅助模块由辅助动力源和辅助设备组成。辅助动力源一般为12V或24V的直流低压电源。辅助设备包括车载信息显示系统、动力转向系统、导航系统、空调、照明及除雾装置、刮水器和收音机等。

混合动力电动汽车是指由两种或两种以上不同类型的动力源联合驱动的汽车。根据动力系统结构形式的不同,可分为串联式、并联式和混联式三种形式。根据外接充电能力的不同,可分为插电式和非插电式两种。

2. 高压安全知识

电动汽车上存在高压电系统,在维修和操作电动汽车时,一定要遵循高压电标准操作规范和流程,否则可能导致人身伤害的发生。

通常将高于60V的直流电压或高于25V的交流电压称为高压电。高压电防护的原则:一是要识别高压部件,二是要避免接触到高压电。在电动汽车上,通过高压警示标识和线束颜色来识别高压电部件,高压电线束和插头的颜色均为橙色。当高压系统出现故障时,通过仪表和声音报警进行提示。高压系统正常工作时,通过绝缘、防触摸保护等措施可避免接触到高压。高压系统不工作时,通过主动和被动放电、维修开关等措施可避免接触到高压。

发生高压触电事故时,应第一时间切断电源,拨打"120"急救电话,正确进行伤员救治工作。

3. 动力电池知识

目前纯电动汽车和插电式电动汽车多采用锂离子电池,单体锂离子电池的端电压通常为2.5~4.2V,不能满足电动汽车实际需求。通过单体电池串联、并联组成锂离子动力电池组,最后通过一对正负极端子输出,作为电池包或电池系统的一部分安装在电动汽车上。丰田卡罗拉混合动力汽车采用镍氢电池组,安装在车辆行李舱内侧,如图1-4所示。

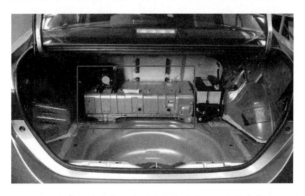

图1-4 丰田卡罗拉混合动力汽车动力电池的安装位置

二、高压电维修工量具知识

1. 高压安全个人防护用品

高压安全个人防护用品包括绝缘手套、绝缘防护服、安全帽、防护眼镜、绝缘鞋和绝缘垫等,表1-11所示为常用高压安全个人防护用品及其功能。

常用高压安全个人防护用品及其功能　　　　　表1-11

名　　称	功　　能
绝缘手套	电工绝缘手套,能承受DC1000V以上工作电压,抗酸碱
绝缘防护服	防10000V以下电压,阻燃、耐热、耐压、耐老化
防护眼镜	防止电池液飞溅、电火花时对眼睛造成损伤,具有侧面防护功能
安全帽	保护头部,防止头部受伤
绝缘鞋	使人体与大地间绝缘,防止电流通过人体与大地间形成回路
绝缘垫	防止电流通过人体与大地间形成回路

2.高压电维修专用工具

高压电维修专用工具包括绝缘维修工具、数字兆欧表等,如图1-5所示。

a) 绝缘维修工具　　　　b) 数字兆欧表

图1-5　高压电维修专用工具

任务实施

一、实训资源

(1)实训场地:维修工位1个。

(2)实训车辆:纯电动汽车或混合动力电动汽车1辆。

(3)工具耗材与设备:维修手册(节选)1本,工具车1辆,零件车1辆,绝缘维修工具1套,万用表1支,高压安全个人防护用品1套,维修工位高压警戒围栏1套,安全警示锥或安全警示牌1个,灭火器1具。

二、安全注意事项

(1)作业前,需做好车辆防护,检查个人防护用品穿戴情况,取下金属饰物。

(2)按安全操作规程进行电动车高压部件操作,避免发生触电和电路短路。

(3)使用压缩空气时,正确佩戴护目镜,不得将工具对准人体部位。

三、操作过程

电力驱动和动力电池系统维护操作方法及说明见表1-12。

电力驱动和动力电池系统维护操作方法及说明　　　　　　　　表 1-12

步　骤	操作方法及说明	质量标准及记录
1. 工作准备	(1) 车辆防护:安装车轮挡块,铺设车内外防护套件; (2) 个人防护用品:检查护目镜、绝缘手套及安全帽等是否完好,取下身上所有金属首饰和物品; (3) 工作场地:设置安全警戒线,放置安全锥,设置"高压危险"警示牌,检查灭火器	□车辆水平停稳,防护正确 □个人防护用品完好,穿戴正确 □工作场所安全
2. 中止高压电(高压中止)	(1) 关闭点火开关,取下钥匙; (2) 断开 12V 蓄电池负极电缆; (3) 拆卸动力电池维修开关,上锁保管; (4) 用绝缘胶布封住维修开关槽,并放置高压安全警示牌; (5) 等待 5min 以上,拔下电池组放电正、负极电缆(母线)	□点火开关关闭 □正确拆卸 12V 蓄电池负极电缆并固定 □正确拆卸维修开关并上锁 □安全防护和警示正确 □正确拆卸母线
3. 检验高压电(高压验电)	(1) 穿戴好安全防护用品,使用单手测量操作; (2) 设置数字万用表的功能及挡位; (3) 测量动力电池高压输出端,正负端之间电压及各端子对地电压; (4) 测量高压线缆,正负端之间电压及各端子对地电压	□个人防护正确 □正确使用万用表 □低于 3V □等于 0V

续上表

步骤	操作方法及说明	质量标准及记录
4.恢复高压电	(1)连接电池组放电正、负极电缆(母线); (2)拆下维修开关处的胶布,安装维修开关; (3)安装12V蓄电池负极; (4)打开点火开关,确认高压系统正常	□电缆连接到位 □维修开关安装正确 □蓄电池负极安装正确,紧固 □仪表显示"READY"
5.检查动力电池连接线	(1)检查动力电池连接线外观; (2)检查动力电池连接线插接器外观、连接情况	□连接线外观正常 □插接器外观正常,连接牢固
6.清洁动力电池	(1)用压缩空气气枪清洁电池壳体上的水分、油污、灰尘和其他脏物; (2)用压缩空气气枪清洁电池极接线端子上的灰尘和其他脏物	□正确使用压缩空气 □动力电池壳体、极柱子接线端子清洁干净
7.完工整理	车辆、工具、设备、场地整理和复位	□按5S要求整理

电力驱动和动力电池系统维护考核评分记录见表1-13。

电力驱动和动力电池系统维护考核评分记录表

表 1-13

类别	序号	项目	考核内容及要求	配分	评分标准（各项配分扣完为止）	得分
专业知识（20分）	1	电动汽车知识	正确叙述电动汽车的类型和特点	5	能回答问题，但回答不完整，按比例扣分；不能回答，扣5分	
			正确叙述纯电动汽车的基本组成	5	能回答问题，但回答不完整，按比例扣分；不能回答，扣5分	
	2	高压安全知识	正确叙述高压防护的一般原则	5	能回答问题，但回答不完整，按比例扣分；不能回答，扣5分	
			正确叙述常见高压电安全个人防护用品的功能	5	能回答问题，但回答不完整，按比例扣分；不能回答，扣5分	
操作技能（80分）	1	劳保用品穿戴	劳保用品穿戴齐全	5	穿戴不全，不得分	
	2	选用工具、设备、材料	选用工具、设备、材料齐全准确	5	缺一件，扣1分；选错一件，扣1分	
	3	工作准备	准备项目齐全	5	准备不充分一项，扣2.5分	
	4	中止高压电	正确进行高压电中止操作	15	方法错误，扣15分；未完成，扣7.5分	
		检验高压电	正确进行高压验电操作并复位	15	方法错误，扣15分；未完成，扣7.5分	
		检查动力电池连接线	检查动力电池连接线	5	方法错误，扣5分；未完成，扣2.5分	
		清洁动力电池	正确清洁动力电池	5	方法错误，扣5分；未完成，扣2.5分	
	5	使用工具、设备、材料	工具、设备使用正确	10	工具、设备、材料使用不正确，一种扣2分	
					损坏、丢失任意一件工具，不得分	
	6	操作规程	操作规程执行情况	10	违反操作规程，不得分	
	7	清理现场（5S管理）	清理、擦洗并回收工具和设备	5	少收一件工具、设备，扣1分	
		分数总计		100	最终得分	

考核员签字：_____　　　　　　　　　　　日期：_____年___月___日

项目二　汽车发动机检修

项目描述

汽车发动机在使用过程中可能出现性能下降或故障,此时维修人员需要对其进行拆检,并视情况进行修复或者更换。汽车发动机拆装和技术参数检测是进行汽车发动机检修及故障诊断的基础。汽车电器维修工(四级、三级)需要掌握的发动机检修技能主要包括发动机燃油、电控系统检修,进(排)气系统检修,润滑、冷却系统检修以及上述系统的单个故障诊断排除等内容。

本项目通过对汽车发动机拆装、检修以及单个故障诊断排除的流程和方法进行讲解,从而让你掌握汽车发动机检修的专业知识和操作要点。

任务1　发动机附件拆装(五级)

▶ 建议学时:2学时

考核要求

一、知识要求

1. 掌握发电机总成拆装技术要求。
2. 掌握起动机总成拆装技术要求。
3. 掌握液压转向助力泵总成拆装技术要求。
4. 掌握曲轴前传动带轮(扭转减振器)拆装技术要求和专用工具使用。

二、技能要求

1. 能拆装发电机总成。
2. 能拆装起动机总成。
3. 能拆装液压转向助力泵总成。
4. 能拆装曲轴前传动带轮(扭转减振器)。

任务准备

一、发动机附件基础知识

发动机附件是指保证车辆和发动机正常工作所需要的各种附属装置,包括发电机、起动机、液力助力转向泵、曲轴前传动带轮等。

1. 发电机

发电机是充电系统的重要组成部件,是汽车的主要电源。发电机分为直流发电机和交流发电机,因结构不同,又分为有刷发电机和无刷发电机。现代汽车普遍采用无刷交流发电机。

2. 起动机

起动机是起动系统的重要组成部件。按传动机构和控制机构不同,起动机分为永磁式起动机、励磁式起动机、直接操作式起动机、电磁操作式起动机等。现代汽车广泛使用电磁操作式起动机,操作简便、省力,可实现远距离控制。

3. 液压转向助力泵

液压转向助力泵是液压助力转向系统的供能装置。液压助力系统由转向助力泵、高压油管、回油管、转向器、油量调节阀和动力气缸等组成。液压转向助力泵分为齿轮式、转子式、叶片式等。现代汽车广泛采用叶片式液压转向助力泵,其具有结构紧凑、工作稳定、性能稳定、寿命长等优点。

4. 曲轴前传动带轮(扭转减振器)

发动机工作时,曲轴在周期性变化的转矩作用下,各曲拐之间发生周期性相对扭转的现象称为扭转振动。为了消减曲轴的扭转振动,现代汽车发动机多在扭转振幅最大的曲轴前端传动带轮处设置扭转减振器。汽车发动机多采用橡胶扭转减振器、硅油扭转减振器和硅油—橡胶扭转减振器等。

二、发动机附件拆装工具知识

选择适当的工具,以便安全有效地工作。拆卸螺栓和螺母时,应优先选用套筒扳手,若拆卸因空间限制而不能使用套筒扳手时,应依次选用梅花扳手和开口扳手。递交工具时,要先将把手端递交给他人。工具应随时保持清洁,用完后要放在工具车或工具架指定的位置上。

任务实施

一、实训资源

(1)实训场地:维修工位1个。
(2)实训车辆:轿车1辆或实训台架。
(3)工具耗材与设备:维修手册(节选)1本,工具车1辆,零件车1辆,常用工具1套,个人和车辆防护用品各1套,曲轴前传动带轮拆装专用工具1套,动力转向液适量。

二、安全注意事项

(1)拆装作业前,须做好车辆防护,安装好相应的垫和套。
(2)按安全操作规程操作举升机、电动工具和气动工具。
(3)作业过程中,须做到工量具、设备零部件、油污不落地,按规定处理操作产生的危险废物,做好5S管理。

三、操作过程

1. 拆装发电机总成

拆装发电机总成操作方法及说明见表2-1。

拆装发电机总成操作方法及说明　　　　　　　　　　　　　　　表 2-1

步　骤	操作方法及说明	质量标准及记录
1.拆卸发电机总成	（1）断开蓄电池负极端子电缆并进行必要保护； （2）拆下散热器支架开口盖（如有必要）； （3）拆下空气滤清器进气口（如有必要）； （4）拆卸传动带； （5）断开发电机电缆和线束，拆下发电机螺栓螺母，取下发电机总成	□正确断开蓄电池负极端子电缆 □正确拆卸传动带 □正确拆下发电机总成
2.安装发电机总成	（1）安装发电机总成、电缆和线束； （2）安装传动带； （3）安装滤清器进气口（如有必要）； （4）安装散热器支架开口盖（如有必要）； （5）连接蓄电池负极端子电缆； （6）起动发动机，检查发电机运行状况	□正确安装发电机总成 □正确安装传动带 □正确连接蓄电池负极端子电缆 □发电机工作正常
3.完工整理	车辆、工具、设备、场地整理和复位	□按5S要求整理

2．拆装起动机总成

拆装起动机总成操作方法及说明见表 2-2。

拆装起动机总成操作方法及说明　　　　　　　　　　　　　　　表 2-2

步　骤	操作方法及说明	质量标准及记录
1.拆卸起动机总成	（1）断开蓄电池负极端电缆并进行必要保护； （2）断开起动机电缆和线束； （3）拆下起动机固定螺栓，取下起动机总成	□正确断开蓄电池负极端子电缆 □正确拆卸起动机连接器和线束 □正确拆下起动机总成

续上表

步　骤	操作方法及说明	质量标准及记录
2.安装起动机总成	(1)安装起动机总成,紧固螺栓; (2)连接起动机电缆和线束; (3)连接蓄电池负极端子电缆; (4)起动发动机,检查起动机运行状况	□正确安装起动机总成 □正确连接蓄电池负极端子电缆 □起动机工作正常
3.完工整理	车辆、工具、设备、场地整理和复位	□按5S要求整理

3.拆装液压助力转向泵

拆装液压助力转向泵操作方法及说明见表2-3。

拆装液压助力转向泵操作方法及说明　　　　　　　　　　　　表2-3

步　骤	操作方法及说明	质量标准及记录
1.拆卸液压助力转向泵	(1)举升车辆至合适位置; (2)打开助力油壶,左右转动转向盘,同时抽取油液; (3)拆卸传动带、助力泵传动带轮和油管; (4)拆卸助力转向泵固定螺栓,取下助力转向泵	□车辆举升可靠 □正确排放油液,如有落地应及时清洁 □正确拆卸传动带 □正确拆卸助力泵传动带轮 □正确拆卸油管 □正确拆下助力转向泵
2.安装液压助力转向泵	(1)安装助力转向泵固定螺栓; (2)安装供油管、高压油管; (3)安装传动带轮和传动带; (4)向油壶内加注新的油液至规定上限; (5)起动发动机,左右转动转向盘,至油壶没有气泡产生,并补充油液至上限; (6)检查转向助力泵、油管是否有泄漏,工作是否正常	□助力转向泵安装可靠 □油管安装可靠 □传动带安装正确、可靠 □油液不落地,如有应及时清洁 □油液加注至油壶液位上限,油壶无气泡 □助力转向泵工作正常,无泄漏
3.完工整理	车辆、工具、设备、场地整理和复位	□按5S要求整理

4.拆装曲轴前传动带轮

拆装曲轴前传动带轮操作方法及说明见表2-4。

拆装曲轴前传动带轮操作方法及说明　　　　　　　　　　　　表2-4

步　骤	操作方法及说明	质量标准及记录
1.拆卸曲轴前传动带轮	(1)拆卸传动带; (2)用专用工具拆卸曲轴前传动带轮螺栓;	□正确拆卸传动带 □正确使用专用工具

续上表

步骤	操作方法及说明	质量标准及记录
1. 拆卸曲轴前转动带轮	(3)用专用工具拆卸曲轴前传动带轮	□正确取出曲轴前传动带轮
2. 安装曲轴前传动带轮	(1)对准半圆键,装入曲轴前传动带轮; (2)用专用工具紧固曲轴前传动带轮螺栓; (3)安装传动带	□正确装入曲轴前传动带轮 □正确紧固曲轴前传动带轮螺栓 □正确安装传动带
3. 完工整理	车辆、工具、设备、场地整理和复位	□按5S要求整理

任务评价

发动机附件拆装考核评分记录见表2-5。

发动机附件拆装考核评分记录表　　　　表2-5

类别	序号	项目	考核内容及要求	配分	评分标准(各项配分扣完为止)	得分
专业知识 (20分)	1	发电机知识	正确叙述发电机的作用和类型	5	能回答问题,但回答不完整,按比例扣分;不能回答,扣5分	
	2	起动机知识	正确叙述起动机的作用和类型	5	能回答问题,但回答不完整,按比例扣分;不能回答,扣5分	
	3	液压助力转向泵知识	正确叙述液压助力转向泵的作用	5	能回答问题,但回答不完整,按比例扣分;不能回答,扣5分	
	4	曲轴前传动带轮知识	正确叙述曲轴前传动带轮的作用	5	能回答问题,但回答不完整,按比例扣分;不能回答,扣5分	

续上表

类别	序号	项目	考核内容及要求	配分	评分标准(各项配分扣完为止)	得分
操作技能(80分)	1	劳保用品穿戴	劳保用品穿戴齐全	5	穿戴不全,不得分	
	2	选用工具、设备、材料	选用工具、设备、材料齐全准确	5	缺一件,扣1分;选错一件,扣1分	
	3	工作准备	准备项目齐全	5	准备不充分一项,扣2.5分	
	4	拆装发电机总成	正确拆装发电机总成	15	方法错误,扣15分;未完成,扣7.5分	
		拆装起动机总成	正确拆装起动机总成	10	方法错误,扣10分;未完成,扣5分	
		拆装液压助力转向泵	正确拆装液压助力转向泵	10	方法错误,扣10分;未完成,扣5分	
		拆装曲轴前传动带轮	正确拆装曲轴前传动带轮	10	方法错误,扣10分;未完成,扣5分	
	5	使用工具、设备、材料	工具、设备使用正确	5	工具、设备、材料使用不正确,一种扣2分	
					损坏、丢失任意一件工具,不得分	
	6	操作规程	操作规程执行情况	10	违反操作规程,不得分	
	7	清理现场(5S管理)	清理、擦洗并回收工具和设备	5	少收一件工具、设备,扣1分	
		分数总计		100	最终得分	

考核员签字:_____   日期:_____年____月____日

任务2　发动机技术参数检测(四级)

▶建议学时:2学时

一、知识要求

1. 掌握汽缸压力及漏气量测试方法。
2. 掌握进气歧管真空度测量方法及要求。
3. 掌握燃油压力测量方法及要求。
4. 掌握尾气排放检测方法及要求。
5. 掌握汽车故障诊断仪操作方法及故障码相关知识。

二、技能要求

1. 能检测汽缸压力和漏气量。

2. 能检测进气歧管真空度。
3. 能检测汽油机燃油压力。
4. 能检测汽车尾气排放。
5. 能使用汽车故障诊断仪。

任务准备

1. 汽缸压力表

汽缸压力表简称缸压表,是一种用于检测发动机汽缸内气体压缩压力的专用量具。汽缸压力表一般由压力表头、导管、止回阀和接头等组成。

2. 真空表

真空表也称负压表,是用于检测真空度的专用工具,如检测发动机进气歧管真空度。真空表由一般由表头、软管和接头等组成。

3. 燃油压力表

燃油压力表是用来测量燃油系统燃油压力的专用工具。燃油压力表组件通常包括表头、各车型测试接头和连接管等。

4. 尾气分析仪

尾气分析仪也称废气分析仪,是指能从汽车排气管中采集气样,对其中的气体含量进行分析的仪器。汽车尾气分析仪是利用不分光红外线和电化学传感器,对汽车排气中主要成分 CO、HC、CO_2、NO_x 和 O_2 进行测量分析,一般由废气取样装置、废气分析装置、废气浓度指示装置和校准装置等组成。

5. 汽车故障诊断仪

汽车故障诊断仪是用于诊断汽车电控系统故障的专用设备,可分专用型和通用型大类。现代汽车故障电脑诊断仪具有读取和清除故障码、执行元件测试、读取数据流等功能。

汽车电控系统故障往往采用 OBD Ⅱ 的编码形式进行显示,一般由 1 个英文字母和 4 个数字组成,如图 2-1 所示。

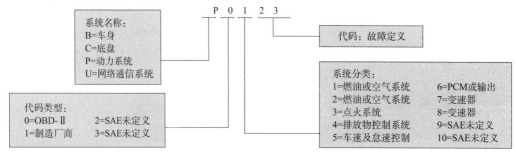

图 2-1 OBD Ⅱ 故障码结构

任务实施

一、实训资源

(1) 实训场地:维修工位 1 个。

(2)实训车辆:轿车1辆或实训台架。

(3)工具耗材与设备:维修手册(节选)1本,工具车1辆,零件车1辆,常用工具1套,个人和车辆防护用品各1套,汽缸压力表1个,真空表1个,燃油压力表1个,尾气分析仪1台,故障诊断仪1个,灭火器1具。

二、安全注意事项

(1)拆装作业前,须做好车辆防护,安装好相应的垫和套。

(2)按安全操作规程操作工量具,测量燃油压力时,注意防火。

(3)作业过程中,须做到工量具不落地,做好5S管理。

三、操作过程

1. 检测汽缸压力

检测汽缸压力操作方法及说明见表2-6。

检测汽缸压力操作方法及说明 表2-6

步骤	操作方法及说明	质量标准及记录
检测汽缸压力	(1)使用压缩空气吹干净发动机舱,检查蓄电池状况良好; (2)使发动机运行至正常工作温度; (3)断开点火线圈和喷油器连接器; (4)拆下全部火花塞,在第一缸安装汽缸压力表; (5)拆下空气滤清器,将节气门全开; (6)起动发动机带动曲轴运转3~5s,读取汽缸压力值,取两次测量的平均值为该缸压力值; (7)依次测量其余各汽缸压力,根据厂家维修手册标准数据,判断汽缸压力是否正常; (8)整理和复位	□汽缸压力检测条件符合要求 □正确使用汽缸压力表 □正确判断汽缸压力是否正常 □按5S要求整理

2. 检测进气歧管真空度

检测进气歧管真空度操作方法及说明见表2-7。

检测进气歧管真空度操作方法及说明 表2-7

步骤	操作方法及说明	质量标准及记录
检测进气歧管真空度	(1)起动发动机至正常工作温度； (2)用一根真空管将真空表连接到节气门后的进气管专用接头； (3)变速器挂空挡、发动机怠速运转； (4)在怠速、减速、加速等各种工况下读取真空表数值，然后结合所在地海拔修整真空度标准值； (5)根据厂家维修手册标准数据，判断进气歧管真空度是否正常； (6)整理和复位	□发动机达到正常工作温度 □正确使用真空表 □正确判断进气歧管真空度是否正常 □按5S要求整理

3.检测汽油机燃油压力

检测汽油机燃油压力操作方法及说明见表2-8。

检测汽油机燃油压力操作方法及说明 表2-8

步骤	操作方法及说明	质量标准及记录
检测汽油机燃油压力	(1)对车辆进行必要防护，放置车轮挡块、接上排气收集管； (2)戴上护目镜和手套，释放燃油系统压力，确保安全； (3)连接燃油压力表； (4)打开点火开关，使燃油泵运转并读取燃油压力表数值； (5)拆卸燃油压力表，根据厂家维修手册标准数据，判断燃油压力是否正常； (6)复位并确认车辆无漏油	□做好个人和车辆防护 □燃油压力释放应可靠、彻底，进行火灾预防 □正确使用燃油压力表 □正确判断燃油压力是否正常 □油压力表拆卸后，确认不漏油 □按5S要求整理

4. 检测汽车尾气排放

检测汽车尾气排放操作方法及说明见表2-9。

检测汽车尾气排放操作方法及说明　　　　　　　　　　　　　　　表2-9

步骤	操作方法及说明	质量标准及记录
检测车辆尾气排放	(1)检查和校准尾气分析仪,接通电源进行预热; (2)检查取样探头和导管是否残留有HC,使发动机工作至正常工作温度; (3)将取样探头插入排气管并固定,结合说明书,控制发动机转速条件下从而读取不同转速条件下的污染物测量值; (4)测量结束,取出取样探头使其吸入新鲜空气5min,指针归零后关闭电源	□车轮安装车轮挡块,确保安全 □正确使用尾气分析仪 □正确尾气成分是否正常 □按5S要求整理

5. 使用汽车故障诊断仪

使用汽车故障诊断仪操作方法及说明见表2-10。

使用汽车故障诊断仪操作方法及说明　　　　　　　　　　　　　　表2-10

步骤	操作方法及说明	质量标准及记录
使用汽车故障诊断仪	(1)打开点火开关,将诊断仪连接到车辆OBD接口上,故障电脑开机进入诊断程序; (2)识别待检测车辆信息,进入汽车诊断功能界面; (3)读取车辆故障代码,清除车辆故障代码; (4)读取数据流; (5)进行车辆动作测试控制; 注意:进行动作测试时,应进行必要提醒,确认后方可实施。 (6)完成检测后,将诊断仪复位	□正确连接故障诊断仪 □正确操作诊断仪 □按5S要求整理

任务评价

发动机技术参数检测考核评分记录见表2-11。

发动机技术参数检测考核评分记录表　　　　　　　　　　　　　　表2-11

类别	序号	项目	考核内容及要求	配分	评分标准(各项配分扣完为止)	得分
专业知识 (20分)	1	汽缸压力表、真空表和燃油压力表知识	正确叙述汽缸压力表、真空表和燃油压力表的结构和作用	10	能回答问题,但回答不完整,按比例扣分;不能回答,扣10分	
	2	废气分析仪知识	正确叙述废气分析仪的结构和作用	5	能回答问题,但回答不完整,按比例扣分;不能回答,扣5分	

续上表

类别	序号	项目	考核内容及要求	配分	评分标准(各项配分扣完为止)	得分
专业知识 (20分)	3	汽车故障诊断仪知识	正确叙述汽车故障诊断仪的作用	5	能回答问题,但回答不完整,按比例扣分;不能回答,扣5分	
操作技能 (80分)	1	劳保用品穿戴	劳保用品穿戴齐全	5	穿戴不全,不得分	
	2	选用工具、设备、材料	选用工具、设备、材料齐全准确	5	缺一件,扣1分;选错一件,扣1分	
	3	工作准备	准备项目齐全	5	准备不充分一项,扣2.5分	
	4	检测汽缸压力	正确检测汽缸压力	10	方法错误,扣10分;未完成,扣5分	
		检测进气歧管真空度	正确检测进气歧管真空度	5	方法错误,扣5分;未完成,扣2.5分	
		检测汽油机燃油压力	正确检测汽油机燃油压力	10	方法错误,扣10分;未完成,扣5分	
		检测车辆尾气排放	正确检测车辆尾气排放	10	方法错误,扣10分;未完成,扣5分	
		使用汽车故障诊断仪	正确使用汽车故障诊断仪	10	方法错误,扣10分;未完成,扣5分	
	5	使用工具、设备、材料	工具、设备使用正确	5	工具、设备、材料使用不正确,一种扣2分	
					损坏、丢失任意一件工具,不得分	
	6	操作规程	操作规程执行情况	10	违反操作规程,不得分	
	7	清理现场 (5S管理)	清理、擦洗并回收工具和设备	5	少收一件工具、设备,扣1分	
			分数总计	100	最终得分	

考核员签字:_____　　　　　　　　　　　　日期:_____年___月___日

任务3　燃油、电控系统检修(四级)

▶ 建议学时:2学时

考核要求

一、知识要求

1. 掌握燃油供给系统组成、工作原理、检测方法、技术要求及安全注意事项。
2. 掌握传感器、执行器工作原理、检测方法和注意事项。
3. 掌握传感器、执行器清洗及更换注意事项。

4. 掌握喷油器检测设备使用方法。
5. 掌握点火系统电路检测方法及技术要求。

二、技能要求

1. 能检测燃油供给系统密封性能。
2. 能检测各传感器技术状况。
3. 能检测各执行器技术状况。
4. 能检测点火系统电路。
5. 能检查和校正点火正时。

任务准备

1. 燃油供给系统

燃油供给系主要由汽油箱、电动汽油泵、汽油滤清器、燃油分配管、油压调节器、喷油器和连接油管等组成。燃油供给系统的作用是储存燃油,过滤燃油中的杂质,向发动机供给一定压力和数量的燃油,并将燃油以一定形状喷入进气歧管或燃烧室。

2. 传感器和执行器

现代汽车发动机电子控制系统一般由传感器、电控单元、执行器三部分组成。传感器是检测发动机运行状态的各种电量、物理量和化学量等参数,并将这些参数转变为电信号通过线路输送给电控单元(ECU)。发动机传感器有空气流量计、曲轴位置传感器、冷却液温度传感器等。执行器是执行电控单元发出的命令,能够完成某项功能的装置。发动机电子控制系统的执行元件有喷油器、电子节气门电机等。

3. 点火系统

电子控制点火系统由传感器、ECU、点火模块、点火线圈、高压线、火花塞等组成。点火系统的作用是按照发动机汽缸工作顺序,将低压电转换为高压电并精确地输送到每个汽缸的火花塞,点燃可燃混合气。

4. 点火正时

点火正时一般用点火提前角表示。点火提前角为火花塞点火至活塞运动到压缩上止点,这段时间内曲轴转过的角度。点火提前角过大或过小,会降低发动机动力性、经济性和排放性。

任务实施

一、实训资源

(1)实训场地:维修工位1个。
(2)实训车辆:轿车1辆或实训台架。
(3)工具耗材与设备:维修手册(节选)1本,工具车1辆,零件车1辆,常用工具1套,个人和车辆防护用品各1套,诊断仪1个,燃油压力表1套,数字万用表1个,火花测试仪1个,火花塞测量规1个,灭火器1具。

二、安全注意事项

(1) 拆装作业前,须做好车辆防护,安装相应的垫和套。
(2) 按安全操作规程操作工量具,测量燃油压力时,注意防火。
(3) 作业过程中,须做到工量具不落地,做好5S管理。

三、操作过程

1. 检测燃油供给系统密封性能

检测燃油供给系统密封性能操作方法及说明见表2-12。

检测燃油供给系统密封性能操作方法及说明　　　　表2-12

步　骤	操作方法及说明	质量标准及记录
检测燃油供给系统密封性能	(1) 检查燃油管路和接头外观有无破损、异常; (2) 确认蓄电池电压正常; (3) 将燃油系统卸压,打开燃油管卡夹,并断开燃油管,将燃油压力表串联到燃油管,擦净溅出的燃油; (4) 将诊断仪连接到车辆,点火开关转到ON的位置; 注意:不要起动车辆! (5) 进入发动机控制模块,选择执行"Control the Fuel Pump/Speed",测量燃油压力值; (6) 使车辆处于检查模式,起动发动机,测量怠速燃油压力值; (7) 发动机熄火,观察燃油压力下降情况; (8) 燃油系统泄压后,拆卸燃油压力表,恢复燃油管路,起动发动机确认管路无泄漏;	□燃油管路外观正常 □避免燃油泄漏,若有应及时擦净,避免火灾 □正确使用诊断仪 □正确使用燃油压力表 □正确判断燃油压力和密封情况 标准:怠速时为304~343kPa,熄火后燃油压力保持5min,燃油压力值不低于147kPa
	(9) 整理和复位	□按5S要求整理

2. 检测传感器技术状况

以空气流量计、曲轴位置传感器和冷却液温度传感器为例,检测传感器技术状况操作方法及说明见表2-13。

检测传感器技术状况操作方法及说明　　　　表2-13

步　骤	操作方法及说明	质量标准及记录
1. 检查空气流量计	(1) 检视空气流量计外观有无破损、脏污、堵塞等异常状况; (2) 使用万用表,测量空气流量计中的进气温度传感器两个端子间的电阻值。如不符合规定,则更换空气流量计	□空气流量计外观正常 □正确使用万用表 □正确判断进气温度传感器电阻是否正常 标准值:20℃时,电阻为2.21~2.69kΩ
2. 检查曲轴位置传感器	(1) 检查曲轴位置传感器外观有无破损、变形、脏污等异常情况; (2) 使用万用表,测量两个端子间的电阻值。如不符合规定,则更换曲轴位置传感器	□曲轴位置传感器外观正常 □正确使用万用表 □判断曲轴位置传感器电阻是否正常 标准值:冷态时(-10~50℃),电阻为1630~2740Ω

续上表

步　骤	操作方法及说明	质量标准及记录
3.检查冷却液温度传感器	(1)检查冷却液温度传感器外观有无破损、变形、脏污等异常情况; (2)将冷却液温度传感器进行加热,并使用万用表测量两个端子间的电阻值。如不符合规定,则更换冷却液温度传感器。 注意:小心烫伤	□冷却液温度传感器外观正常 □正确使用万用表 □判断冷却液温度传感器电阻是否正常 标准值:20℃时,电阻为2.32～2.59kΩ;80℃时,电阻为0.31～0.326kΩ
4.完工整理	工具、设备、场地整理和复位	□按5S要求整理

3.检测执行器技术状况

以喷油器、节气门电机为例,检测执行器技术状况操作方法及说明见表2-14。

检测执行器技术状况操作方法及说明　　　　　　表2-14

步　骤	操作方法及说明	质量标准及记录
1.检查喷油器	(1)检查喷油器外观有无破损、变形、脏污、堵塞等异常情况,密封圈是否完好; (2)使用万用表测量喷油器端子电阻; (3)将燃油管连接器连接到喷油器,并可靠安装,将喷油器放入量筒,使用诊断电脑动作测试控制喷油器喷油15s; (4)测试完成,确认喷油器是否泄漏,如不符合规定,则更换喷油器	□喷油器外观正常 □正确使用万用表 □正确判断喷油器电阻是否正常 标准值:20℃时,电阻为11.6～12.4Ω □正确判断喷油器喷油情况 标准值:15s的喷油量为60～73cm^3
2.检查电子节气门电机	(1)检查节气门体总成外观有无破损、脏污等异常; (2)使用万用表,测量节气门电机两个端子间的电阻。如不符合规定,则更换节气门体总成	□正确使用万用表 □正确判断电子节气门电机电阻情况 标准值:20℃时,电阻为0.3～100Ω
3.完工整理	工具、设备、场地整理和复位	□按5S要求整理

4. 检测点火系统电路

以检查点火线圈和火花塞为例，检测点火系统电路操作方法及说明见表2-15。

检测点火系统电路操作方法及说明　　　　表2-15

步　骤	操作方法及说明	质量标准及记录
1. 检查点火线圈	(1) 断开所有喷油器连接器； (2) 拆下点火线圈，检查点火线圈外观有无破损、脏污等异常； (3) 将火花塞安装到点火线圈并搭铁，检查发动机运转过程中火花塞跳火情况； 注意：确保安全，避免触电。 (4) 安装点火线圈并复位	□点火线圈外观正常 □火花塞跳火正常 □点火线圈工作正常
2. 检查火花塞	(1) 检查火花塞外观有无破损、松动、脏污等异常； (2) 检查火花塞绝缘电阻； (3) 检查火花塞电极间隙	□火花塞外观正常 □火花塞绝缘电阻不小于10MΩ □正确判断火花塞间隙是否正常 标准值：旧火花塞最大间隙为1.3mm，新火花塞间隙一般为1～1.1mm
3. 完工整理	工具、设备、场地整理和复位	□按5S要求整理

5. 检查点火正时

检查点火正时操作方法及说明见表2-16。

检查点火正时操作方法及说明　　　　表2-16

步　骤	操作方法及说明	质量标准及记录
检查点火正时	(1) 将发动机暖机后熄火； (2) 连接诊断仪，将点火开关置于ON挡； (3) 打开诊断仪，进入发动机点火正时数据界面； (4) 关闭所有电器和空调系统，变速器置于空挡，冷却风扇关闭状况下，检查急速点火提前角； (5) 关闭点火开关，断开诊断仪； (6) 整理和复位	□做好车辆防护 □正确操作诊断仪 □正确判断点火提前角是否正常 标准值：上止点前8°~12°

燃油、电控系统检修考核评分记录见表2-17。

燃油、电控系统检修考核评分记录表　　　　表2-17

类别	序号	项目	考核内容及要求	配分	评分标准（各项配分扣完为止）	得分
专业知识（20分）	1	燃油供给系统知识	正确叙述燃油供给系统的组成和作用	5	能回答问题，但回答不完整，按比例扣分；不能回答，扣5分	
	2	传感器和执行器知识	正确叙述传感器和执行器的作用	5	能回答问题，但回答不完整，按比例扣分；不能回答，扣5分	
	3	点火系统知识	正确叙述点火系统的组成和作用	5	能回答问题，但回答不完整，按比例扣分；不能回答，扣5分	
	4	点火正时知识	正确叙述点火正时的概念	5	能回答问题，但回答不完整，按比例扣分；不能回答，扣5分	
操作技能（80分）	1	劳保用品穿戴	劳保用品穿戴齐全	5	穿戴不全，不得分	
	2	选用工具、设备、材料	选用工具、设备、材料齐全准确	5	缺一件，扣1分；选错一件，扣1分	
	3	工作准备	准备项目齐全	5	准备不充分一项，扣2.5分	
	4	检测燃油供给系统密封性能	正确检测燃油供给系统密封性能	10	方法错误，扣10分；未完成，扣5分	
		检测传感器技术状况	正确检测空气流量传感器、曲轴位置传感器和冷却液温度传感器技术状况	10	方法错误，扣10分；未完成，扣5分	
		检测执行器技术状况	正确检测喷油器和节气门电机技术状况	10	方法错误，扣10分；未完成，扣5分	
		检测点火系统电路	正确检测点火线圈和火花塞	10	方法错误，扣10分；未完成，扣5分	
		检查点火正时	正确检查点火正时	5	方法错误，扣5分；未完成，扣2.5分	
	5	使用工具、设备、材料	工具、设备使用正确	5	工具、设备、材料使用不正确，一种扣2分	
					损坏、丢失任意一件工具，不得分	
	6	操作规程	操作规程执行情况	10	违反操作规程，不得分	
	7	清理现场（5S管理）	清理、擦洗并回收工具和设备	5	少收一件工具、设备，扣1分	
		分数总计		100	最终得分	

考核员签字：_____　　　　　　　　　　　　　日期：____年___月___日

任务4 进(排)气系统检修(四级)

▶ 建议学时:2学时

考核要求

一、知识要求

1. 掌握增压器组成与工作原理。
2. 掌握增压器拆装、检测技术要求。
3. 掌握进气系统密封性检测方法。
4. 掌握排气背压的检测方法。

二、技能要求

1. 能拆装增压器。
2. 能检查增压器工作性能。
3. 能检测进气系统密封性。
4. 能检测排气背压。

任务准备

1. 增压器

增压器安装在发动机空气滤清器后的进气管路上,用于增加进气量,提高发动机的功率和转矩。按工作原理增压器可分为机械增压器和废气涡轮增压器。废气涡轮增压器主要由泵轮、轴、涡轮、进气旁通阀、废气旁通阀、壳体等部分组成,如图2-2所示。由于增压后空气温度升高,一般通过中冷器对增压后的空气进行冷却。

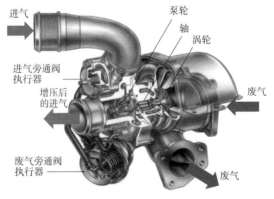

图2-2 废气涡轮增压器结构

2. 排气背压

排气背压指发动机排气的阻力,可反映排气系统堵塞情况。正常情况下,排气背压很低。排气背压升高会导致发动机排气不畅,从而影响发动机的动力性。

一、实训资源

(1)实训场地:维修工位 1 个。
(2)实训车辆:轿车 1 辆或实训台架。
(3)工具耗材与设备:维修手册(节选)1 本,工具车 1 辆,零件车 1 辆,常用工具 1 套,个人和车辆防护用品各 1 套,氧传感器扳手 1 套,诊断仪 1 个,真空表 1 个,排气背压表 1 个。

二、安全注意事项

(1)拆装作业前,须做好车辆防护,安装好相应的垫和套。
(2)避免人身接触到高温的排气歧管。
(3)作业过程中,须做到工量具、设备零部件、油污不落地,按规定处理操作产生的危险废物,做好 5S 管理。

三、操作过程

1. 拆装、检测增压器

拆装、检测增压器操作方法及说明见表 2-18。

拆装、检测增压器操作方法及说明　　　　表 2-18

步骤	操作方法及说明	质量标准及记录
1. 检查增压器工作情况	(1)目视检查增压器外观有无裂纹、变形、泄漏等情况,各接头安装可靠、无泄漏老化情况; (2)起动发动机,使用诊断仪读取进气压力传感器数据,确认数值正常; (3)确认增压器部件动作正常	□增压器外观正常 □正确使用诊断仪 □进气压力传感器数据正常
2. 拆卸增压器	(1)拆下曲轴强制通风接头螺栓、增压器冷却液回液管托架螺栓、断开回液管和供液管总成; (2)断开增压器管接头,并拆下供油管总成; (3)拆卸回油管螺栓,取下回油管总成; (4)拆卸增压器螺母,取下增压器总成、增压器隔热罩	□正确拆卸冷却管路 □正确拆卸润滑油管路 □正确拆卸增压器总成
3. 安装增压器	(1)安装增压器隔热罩,安装回油管总成,拧紧回油管螺栓; (2)安装增压器,并拧紧螺母和螺栓; (3)使用新的接头,并连接到增压器,安装供油管总成; (4)安装增压器供油管卡夹,并安装供液管总成、回液管总成与托架; (5)安装曲轴箱强制通风管接头,拧紧螺栓; (6)检查增压器工作状况	□正确安装增压器总成 □正确安装润滑油管路 □正确安装冷却管路 □增压器工作正常
4. 完工整理	车辆、工具、设备、场地整理和复位	□按 5S 要求整理

2.检测进气系统密封性

检测进气系统密封性操作方法及说明见表2-19。

检测进气系统密封性操作方法及说明　　　　　　表2-19

步　骤	操作方法及说明	质量标准及记录
1.检查进气系统外观	(1)检查空气滤清器软管、通风软管、真空助力器软管、PCV软管等有无龟裂、老化、断裂、卡箍安装完好； (2)检查进气歧管有无裂纹、破损； (3)检查节气门衬垫、进气歧管衬垫有无破损、泄漏	□进气系统软管和卡箍正常 □进气歧管正常 □密封衬垫正常
2.检查进气系统密封性能	(1)起动发动机，急速下进气系统外观进行检查； (2)用耳听、手摸检查，确认进气系统接合部位的密封情况	□进气系统无泄漏

3.检测排气背压

检测排气背压操作方法及说明见表2-20。

检测排气背压操作方法及说明　　　　　　表2-20

步　骤	操作方法及说明	质量标准及记录
检测排气背压	检查前，确认点火正时、配气相位、气门间隙正确，且进气系统无泄漏。 (1)预热发动机至正常工作温度，并清洁氧传感器外围； (2)用专用工具拆卸氧传感器，将排气背压表安装到氧传感器孔中； (3)起动发动机至2000r/min，测量排气压力，与标准值进行比对； (4)拆下压力表，安装回氧传感器； 注意：小心排气管高温。 (5)整理和复位	□做好安全防护措施 □正确拆装氧传感器 □正确使用排气背压表 □正确判断排气背压是否符合标准 标准值：14kPa □按5S整理复位

任务评价

进(排)气系统检修考核评分记录见表2-21。

进(排)气系统检修考核评分记录表　　　　　　表2-21

类别	序号	项目	考核内容及要求	配分	评分标准(各项配分扣完为止)	得分
专业知识 (20分)	1	增压器知识	正确叙述增压器的类型、组成和作用	10	能回答问题，但回答不完整，按比例扣分；不能回答，扣10分	
	2	排气背压知识	正确叙述排气背压的概念和对发动机工作的影响	10	能回答问题，但回答不完整，按比例扣分；不能回答，扣10分	
操作技能 (80分)	1	劳保用品穿戴	劳保用品穿戴齐全	5	穿戴不全，不得分	
	2	选用工具、设备、材料	选用工具、设备、材料齐全准确	5	缺一件，扣1分；选错一件，扣1分	
	3	工作准备	准备项目齐全	5	准备不充分一项，扣2.5分	

续上表

类别	序号	项目	考核内容及要求	配分	评分标准(各项配分扣完为止)	得分
操作技能 (80分)	4	拆装、检测增压器	正确拆装、检测增压器	20	方法错误,扣20分;未完成,扣10分	
		检测进气系统密封性	正确检测进气系统密封性	10	方法错误,扣10分;未完成,扣5分	
		检测排气背压	正确检测排气背压	15	方法错误,扣15分;未完成,扣7.5分	
	5	使用工具、设备、材料	工具、设备使用正确	5	工具、设备、材料使用不正确,一种扣2分	
					损坏、丢失任意一件工具,不得分	
	6	操作规程	操作规程执行情况	10	违反操作规程,不得分	
	7	清理现场(5S管理)	清理、擦洗并回收工具和设备	5	少收一件工具、设备,扣1分	
分数总计				100	最终得分	

考核员签字:_____ 日期:_____年___月___日

任务5 润滑、冷却系统检修(四级)

▶ 建议学时:2 学时

考核要求

一、知识要求

1.掌握润滑系统组成与工作原理。
2.掌握机油压力检查技术要求。
3.掌握冷却系统组成与工作原理。
4.掌握散热器盖工作原理和检测方法。
5.掌握冷却风扇工作原理和检测技术要求。

二、技能要求

1.能检测机油压力。
2.能检测散热器盖压力。
3.能检测节温器工作状况。
4.能检测冷却风扇工作状况。

任务准备

1. 润滑系统

润滑系统的作用是减少发动机内部零件之间摩擦和磨损,主要由油底壳、机油泵、集滤器、机油滤清器、润滑油道、机油压力指示灯等组成。发动机润滑系统有压力润滑和飞溅润滑两种润滑方式。

2. 冷却系统

冷却系统的作用是维持发动机正常工作温度。汽车发动机通常采用水冷系统,主要由水泵、散热器、冷却风扇、节温器、膨胀水箱、水管、水套和冷却液温度表等组成。冷却系统工作包括小循环和大循环。发动机刚起动时温度较低时,节温器关闭,冷却液不经过散热器,只在发动机内部进行循环,称为小循环。随着工作温度升高,节温器打开,冷却液全部经过散热器进行循环,称为大循环。

3. 散热器盖

散热器盖作用是密封冷却液加注口并调节系统的工作压力,一般由一个压力阀和一个真空阀组成,其均为止回阀。发动机冷车时,两阀门均关闭。当冷却系统压力超过预定值时,压力阀开启,部分冷却液经溢流管流入膨胀水箱,以防止冷却液胀裂散热器。当温度降低,冷却系统中出现真空,真空阀打开,部分冷却液从膨胀水箱回流补充。

4. 冷却风扇

冷却风扇的作用是给散热器提供足够的冷却空气量。发动机控制模块根据冷却液温度控制风扇电动机运转,电动风扇一般具有至少两个挡位转速,现在轿车的冷凝器与散热器共用冷却风扇,只要开启空调制冷系统,冷却风扇就会运转。

任务实施

一、实训资源

(1)实训场地:维修工位1个。
(2)实训车辆:轿车1辆或实训台架。
(3)工具耗材与设备:维修手册(节选)1本,工具车1辆,零件车1辆,常用工具1套,个人和车辆防护用品各1套,诊断仪1个,机油压力表1个,散热器盖测试仪1个,温度计1支,加热装置1套,万用表1个。

二、安全注意事项

(1)拆装作业前,须做好车辆防护,安装好相应的垫和套。
(2)作业过程中,须做到工量具、设备零部件、油污不落地,按规定处理操作产生的危险废物,做好5S管理。

三、操作过程

1. 检测机油压力

检测机油压力操作方法及说明见表2-22。

检测机油压力操作方法及说明　　　　　　　　　　　　　　　表 2-22

步　骤	操作方法及说明	质量标准及记录
检测机油压力	(1) 拆下机油压力开关，选取合适量程的机油压力表，安装在机油压力开关位置上； (2) 起动发动机，检查机油压力表管接头是否有泄漏情况，等待发动机暖机； (3) 在怠速工况和转速 3000r/min 时，读取机油压力表数值，并与标准值进行比对； (4) 拆下机油压力表； (5) 换用新油封并安装机油压力开关； (6) 起动车辆，检查是否有泄漏情况； (7) 整理和复位	□正确拆卸机油压力开关 □正确使用机油压力表 □正确判断机油压力 标准值：怠速时，25kPa 或更高；3000r/min 时，150～550kPa □正确安装机油压力开关 □按 5S 要求整理

2. 检测散热器盖压力

检测散热器盖压力操作方法及说明见表 2-23。

检测散热器盖压力操作方法及说明　　　　　　　　　　　　　　　表 2-23

步　骤	操作方法及说明	质量标准及记录
检测散热器盖压力	(1) 检查散热器盖 O 形圈是否有水垢或异物，是否有变形、开裂或膨胀等异常； (2) 在 O 形圈和橡胶密封件上涂抹冷却液，将散热器盖检测仪安装到储液罐盖上，倾斜角大于 30°； (3) 以 1 次/s 的频率泵吸散热器盖检测仪多次，检查最大压力； (4) 从散热器盖上拆下检测仪； (5) 整理和复位	□散热器盖 O 形圈正常 □散热器最大压力符合标准值范围 标准值：新盖 93～123kPa，旧盖 79kPa □按 5S 要求整理

3. 检测节温器工作状况

检测节温器工作状况操作方法及说明见表 2-24。

检测节温器工作状况操作方法及说明 表2-24

步骤	操作方法及说明	质量标准及记录
检测节温器工作状态	(1)将节温器拆下并检查清洁,无异常后放入水中加热; (2)等水温达到阀门开启温度时,观察阀门开启情况,并检查阀门升程; (3)当节温器冷却后,检查并确认阀门完全关闭; (4)整理和复位	□节温器开启正常 □节温器阀门升程正常 标准值:阀门开启温度为80～84℃,95℃时阀门升程为10mm或更大 □按5S要求整理

4.检测冷却风扇工作状况

检测冷却风扇工作状况操作方法及说明见表2-25。

检测冷却风扇工作状况操作方法及说明 表2-25

步骤	操作方法及说明	质量标准及记录
检测冷却风扇工作状况	(1)利用诊断仪控制冷却风扇运转; (2)断开冷却风扇电动机连接器,将蓄电池接到冷却风扇连接器上,检查确认冷却风扇运转平稳; (3)测量冷却风扇运转时的电流,如不符合规定值范围,则更换冷却风扇电动机; (4)可靠连接冷却风扇电动机连接器; (5)整理和复位	□正确使用诊断仪 □冷却风扇运转平稳 □冷却风扇运转时电流符合规定值范围 标准值:20℃、12V时,电动机运转时的电流为7.9～10.9A □按5S要求整理

任务评价

润滑、冷却系统检修考核评分记录见表2-26。

润滑、冷却系统检修考核评分记录表 表2-26

类别	序号	项目	考核内容及要求	配分	评分标准(各项配分扣完为止)	得分
专业知识 (20分)	1	润滑系统知识	正确叙述润滑系统的组成和作用	5	能回答问题,但回答不完整,按比例扣分;不能回答,扣5分	
	2	冷却系统知识	正确叙述冷却系统的组成和作用	5	能回答问题,但回答不完整,按比例扣分;不能回答,扣5分	
	3	散热器盖知识	正确叙述散热器盖的结构和作用	5	能回答问题,但回答不完整,按比例扣分;不能回答,扣5分	
	4	冷却风扇知识	正确叙述冷却风扇的结构和作用	5	能回答问题,但回答不完整,按比例扣分;不能回答,扣5分	
操作技能 (80分)	1	劳保用品穿戴	劳保用品穿戴齐全	5	穿戴不全,不得分	
	2	选用工具、设备、材料	选用工具、设备、材料齐全准确	5	缺一件,扣1分;选错一件,扣1分	

续上表

类别	序号	项目	考核内容及要求	配分	评分标准(各项配分扣完为止)	得分
操作技能 (80分)	3	工作准备	准备项目齐全	5	准备不充分一项,扣2.5分	
	4	检测机油压力	正确检测机油压力	15	方法错误,扣15分;未完成,扣7.5分	
		检测散热器盖压力	正确检测散热器盖压力	10	方法错误,扣10分;未完成,扣5分	
		检测节温器工作状态	正确检测节温器工作状态	10	方法错误,扣10分;未完成,扣5分	
		检测冷却风扇工作状况	正确检测冷却风扇工作状况	10	方法错误,扣10分;未完成,扣5分	
	5	使用工具、设备、材料	工具、设备使用正确	5	工具、设备、材料使用不正确,一种扣2分	
					损坏、丢失任意一件工具,不得分	
	6	操作规程	操作规程执行情况	10	违反操作规程,不得分	
	7	清理现场(5S管理)	清理、擦洗并回收工具和设备	5	少收一件工具、设备,扣1分	
		分数总计		100	最终得分	

考核员签字:_____　　　　　　　　　　　　　日期:_____年___月___日

任务6　燃油、电控系统单个故障诊断排除(三级)

▶ 建议学时:2学时

考核要求

一、知识要求

1. 掌握发动机燃油供给系统故障诊断方法。
2. 掌握发动机怠速控制相关知识及故障诊断方法。
3. 掌握发动机控制系统故障诊断方法。

二、技能要求

1. 能诊断排除发动机燃油压力不足故障。
2. 能诊断排除发动机怠速不稳故障。
3. 能诊断排除发动机加速不良故障。
4. 能诊断排除发动机起动困难故障。

任务准备

一、发动机燃油压力不足故障诊断

1. 故障现象

燃油压力过低,车辆动力不足,故障诊断仪显示燃油系统故障。

2. 故障原因分析

燃油压力不足的原因有燃油不足、燃油泄漏、燃油滤芯器和油路堵塞和燃油泵故障等。

二、发动机怠速不稳故障诊断

1. 故障现象

怠速时发动机转速不稳定,抖动严重,发动机转速表指针跳动。

2. 故障原因分析

发动机怠速不稳的原因有进气系统故障、燃油系统故障、点火系统故障和电控系统故障等。

三、发动机加速不良故障诊断

1. 故障现象

踩下加速踏板后发动机转速不能马上升高,有迟滞现象,加速反应迟缓,或在加速过程中发动机转速有轻微的波动,或出现"回火""放炮"现象。

2. 故障原因分析

发动机加速不良的原因有进(排)气系统故障、燃油系统故障、点火系统故障和电控系统故障等。

四、发动机起动困难故障诊断

1. 故障现象

起动发动机时,起动机能带动发动机正常旋转,有明显的起动征兆,但不能起动,或需要连续多次起动或长时间转动起动机才能起动。发动机起动困难分冷起动困难和热起动困难。

2. 故障原因分析

发动机起动困难原因有起动系统故障、进气系统故障、燃油系统故障和电控系统故障等。

任务实施

一、实训资源

(1)实训场地:维修工位1个。

(2)实训车辆:轿车1辆或实训台架。

(3)工具耗材与设备:维修手册(节选)1本,工具车1辆,零件车1辆,常用工具1套,个人和车辆防护用品各1套,万用表1个,燃油压力表1个,真空表1个,灭火器1具。

二、安全注意事项

(1)拆装作业前,须做好车辆防护,安装好相应的垫和套。

(2)按安全操作规程操作举升机、电和气动工具。

(3)作业过程中,须做到工量具、设备零部件、油污不落地,按规定处理操作产生的危险废物,做好5S管理。

三、操作过程

1. 诊断排除发动机燃油压力不足故障

诊断排除发动机燃油压力不足故障操作方法及说明见表2-27。

诊断排除发动机燃油压力不足故障操作方法及说明　　　　表2-27

步骤	操作方法及说明	质量标准及记录
诊断排除发动机燃油压力不足故障	(1)检查确认油箱燃油量充足; (2)检查燃油系统密封性; (3)检查燃油滤清器是否有堵塞; (4)检查供油管路是否有变形、堵塞; (5)检查燃油泵线束连接器、供电和搭铁; (6)检查燃油泵总成; (7)整理和复位。 注意:检查燃油系统时,做好预防措施,防止火灾	□燃油量充足 □燃油系统密封性良好 □燃油滤清器正常 □供油管路正常 □燃油泵及线束正常 标准值:20℃时,燃油泵电机端子间电阻为0.2~3Ω □按5S整理复位

2. 诊断排除发动机怠速不稳故障

诊断排除发动机怠速不稳故障操作方法及说明见表2-28。

诊断排除发动机怠速不稳故障操作方法及说明　　　　表2-28

步骤	操作方法及说明	质量标准及记录
诊断排除发动机怠速不稳故障	(1)检查进气系统有无泄漏; (2)检查怠速控制阀(如有); (3)使用干净的抹布,清洁节气门孔和节气门阀片; (4)检查点火系统工作情况; (5)检查燃油系统工作情况; (6)整理和复位	□进气系统无泄漏 □怠速控制阀正常 □节气门清洁 □点火系统正常 □燃油系统正常 □按5S整理复位

3. 诊断排除发动机加速不良故障

诊断排除发动机加速不良故障操作方法及说明见表2-29。

诊断排除发动机加速不良故障操作方法及说明 表2-29

步　骤	操作方法及说明	质量标准及记录
诊断排除发动机加速不良故障	（1）进行故障自诊断,检查有无空气流量计、节气门位置传感器相关的故障代码,如有,按故障代码查找故障原因； （2）检查进气系统有无漏气； （3）检查空气滤清器是否堵塞； （4）检查排气系统是否堵塞； （5）检查点火正时和火花塞跳火情况,如有异常,检查点火系统； （6）检查燃油系统工作情况； （7）整理和复位	□发动机控制单元无相关故障代码 □进气系统正常 □排气系统正常 □点火系统正常 □燃油系统正常 □按5S整理复位

4.诊断排除发动机起动困难故障

诊断排除发动机起动困难故障操作方法及说明见表2-30。

诊断排除发动机起动困难故障操作方法及说明 表2-30

步　骤	操作方法及说明	质量标准及记录
诊断排除发动机起动困难故障	（1）进行故障自诊断,检查有无与发动机起动困难相关的故障代码,如有,按故障代码查找故障原因； （2）检查蓄电池和起动系统工作情况； （3）检查进气系统有无漏气； （4）检查空气滤清器是否堵塞； （5）检查配气正时； （6）检查排气系统是否堵塞； （7）检查点火正时和火花塞跳火情况,如有异常,检查点火系统； （8）检查燃油系统工作情况； （9）整理和复位	□发动机控制单元无起动相关故障代码 □蓄电池和起动系统正常 □进气系统正常 □排气系统正常 □点火系统正常 □燃油系统正常 □按5S整理复位

任务评价

燃油、电控系统单个故障诊断排除考核评分记录见表2-31。

燃油、电控系统单个故障诊断排除考核评分记录表 表2-31

类别	序号	项　目	考核内容及要求	配分	评分标准(各项配分扣完为止)	得分
专业知识 （20分）	1	发动机燃油压力不足故障诊断	发动机燃油压力不足故障现象和原因分析	5	能回答问题,但回答不完整,按比例扣分；不能回答,扣5分	
	2	发动机怠速不稳故障诊断	发动机怠速不稳故障现象和原因分析	5	能回答问题,但回答不完整,按比例扣分；不能回答,扣5分	
	3	发动机加速不良故障诊断	发动机加速不良故障现象和原因分析	5	能回答问题,但回答不完整,按比例扣分；不能回答,扣5分	
	4	发动机起动困难故障诊断	发动机起动困难故障现象和原因分析	5	能回答问题,但回答不完整,按比例扣分；不能回答,扣5分	

续上表

类别	序号	项目	考核内容及要求	配分	评分标准(各项配分扣完为止)	得分
操作技能(80 分)	1	劳保用品穿戴	劳保用品穿戴齐全	5	穿戴不全,不得分	
	2	选用工具、设备、材料	选用工具、设备、材料齐全准确	5	缺一件,扣 1 分;选错一件,扣 1 分	
	3	工作准备	准备项目齐全	5	准备不充分一项,扣2.5 分	
	4	诊断排除发动机燃油压力不足故障	正确诊断排除发动机燃油压力不足故障	10	方法错误,扣 10 分;未完成,扣 5 分	
		诊断排除发动机怠速不稳故障	正确诊断排除发动机怠速不稳故障	15	方法错误,扣 15 分;未完成,扣 7.5 分	
		诊断排除发动机加速不良故障	正确诊断排除发动机加速不良故障	10	方法错误,扣 10 分;未完成,扣 5 分	
		诊断排除发动机起动困难故障	正确诊断排除发动机起动困难故障	10	方法错误,扣 10 分;未完成,扣 5 分	
	5	使用工具、设备、材料	工具、设备使用正确	5	工具、设备、材料使用不正确,一种扣 2 分	
					损坏、丢失任意一件工具,不得分	
	6	操作规程	操作规程执行情况	10	违反操作规程,不得分	
	7	清理现场(5S 管理)	清理、擦洗并回收工具和设备	5	少收一件工具、设备,扣 1 分	
		分数总计		100	最终得分	

考核员签字:_____ 日期:_____年___月___日

任务 7 进(排)气系统单个故障诊断排除(三级)

▶ 建议学时:2 学时

一、知识要求

1. 掌握发动机进(排)气系统故障诊断方法。
2. 掌握发动机增压系统故障诊断方法。
3. 掌握尾气分析仪、烟度计使用相关知识。

二、技能要求

1. 能诊断排除进(排)气系统故障。
2. 能使用尾气分析仪、烟度计诊断故障。

一、进气系统故障诊断

1. 故障现象

进(排)气系统故障现象有发动机进气系统泄漏、进气量不足等。

2. 故障原因分析

进气系统故障常见原因有进气管路破损、密封件失效、空气滤清器堵塞、增压器故障等。

二、排气系统故障诊断

1. 故障现象

排气系统故障现象有排气系统泄漏、排气背压过大、排气异响等。

2. 故障原因分析

排气系统故障常见原因有排气管路破损、密封件失效、管路堵塞、三元催化转化装置和消声器失效等。

三、工量具知识

1. 尾气分析仪

尾气分析仪相关知识见项目二的任务2。

2. 烟度计

烟度计是测量汽车废气中烟度的仪器,主要用于柴油机废气测量。烟度计主要由活塞抽气泵、取样装置和光电测量装置组成。使用时用活塞抽气泵从柴油机排气管中,按规定时间抽取一定容积的排气气体,并使之通过一定面积的滤纸,排气中的烟尘粒截留在滤纸上并使滤纸染黑。用光电测量装置测量滤纸的吸光率,该吸光率表示排气中烟度的大小。烟度值的数值范围为 0~10,空白滤纸的烟度为 0,全黑滤纸的烟度为 10。

一、实训资源

(1)实训场地:维修工位 1 个。
(2)实训车辆:轿车 1 辆或实训台架。
(3)工具耗材与设备:维修手册(节选)1 本,工具车 1 辆,零件车 1 辆,常用工具 1 套,个人和车辆防护用品各 1 套,真空表 1 个,排气背压表 1 个,尾气分析仪 1 台,烟度计 1 台。

二、安全注意事项

(1)拆装作业前,须做好车辆防护,安装好相应的垫和套。
(2)按安全操作规程操作举升机、电动工具和气动工具。
(3)作业过程中,须做到工量具、设备零部件、油污不落地,按规定处理操作产生的危险废物，做好5S管理。

三、操作过程

1. 诊断排除进气系统故障

诊断排除进气系统故障操作方法及说明见表2-32。

诊断排除进气系统故障操作方法及说明　　　　表2-32

步　骤	操作方法及说明	质量标准及记录
1.诊断排除进气系统泄漏故障	检查进气系统密封性，具体见项目一的任务4和项目二的任务5	□进气系统密封性正常
2.诊断排除进气量不足故障	(1)检查空气滤清器，必要时进行清洁或更换； (2)检查节气门工作情况，必要时进行清洁； (3)检查增压器工作情况(如有)； (4)检测汽缸压力，判断发动机内部密封情况； (5)整理和复位	□空气滤清器正常 □节气门正常 □增压器正常 □汽缸内部密封性正常 □按5S整理复位

2. 诊断排除排气系统故障

诊断排除排气系统故障操作方法及说明见表2-33。

诊断排除排气系统故障操作方法及说明　　　　表2-33

步　骤	操作方法及说明	质量标准及记录
1.诊断排除排气系统泄漏故障	检查排气系统密封情况，具体见项目一任务4	□进气系统密封性正常
2.诊断排除排气背压过大故障	(1)检查三元催化转化装置是否堵塞； (2)检查排气消声器是否堵塞	□三元催化转化装置正常 □排气消声器正常
3.诊断排除排气异响故障	(1)检查排气系统密封情况； (2)检查排气管路减振橡胶是否老化； (3)检查排气管路连接是否松动； (4)检查排气消声器工作情况； (5)整理和复位	□排气系统密封性正常 □排气管路减振橡胶正常 □排气管路连接牢固 □排气消声器工作正常 □按5S整理复位

3. 使用尾气分析仪诊断发动机故障

使用尾气分析仪诊断发动机故障操作方法及说明见表2-34。

使用尾气分析仪诊断发动机故障操作方法及说明　　　　表2-34

步　骤	操作方法及说明	质量标准及记录
使用尾气分析仪诊断发动机故障	(1)尾气分析仪准备： ①确认尾气分析仪外观和附件状况正常； ②接通电源，预热30min； ③按下"起动"键，分析仪开始工作。 (2)车辆准备： ①预热发动机至正常工作温度； ②让发动机进行两次快速空转加速，然后回到正常急速状态； ③确认排气系统无泄漏。	□尾气分析仪准备正常 □车辆准备正常 □正确使用尾气分析仪 □正确判断尾气成分含量是否正常 □按5S整理复位

续上表

步　骤	操作方法及说明	质量标准及记录
使用尾气分析仪诊断发动机故障	(3)将取样头插入排气管,深度不得少于400mm。 (4)操作吸气泵吸气。 (5)分析仪显示单一气体的数据,当数据变化稳定后,记录相应数据。 (6)取出取样头,关闭仪器电源。 (7)将车辆数据与标准值相对比,判断尾气成分含量是否正常。 (8)整理和复位。 注意:具体操作参考尾气分析仪厂家使用说明书	

4.使用烟度计诊断发动机故障

使用烟度计诊断发动机故障操作方法及说明见表2-35。

使用烟度计诊断发动机故障操作方法及说明　　　　　　　　　　表2-35

步　骤	操作方法及说明	质量标准及记录
使用烟度计诊断发动机故障	(1)烟度计准备: ①确认烟度计外观和附件状况正常; ②装入滤纸; ③烟度计通电,预热; ④仪器校准。 (2)车辆准备: ①预热发动机至正常工作温度; ②确认排气系统无泄漏。 (3)汽车怠速状态,探头插入汽车排气管内,确定起动和停止试验的域值。 (4)烟度计提示"请加速",控制加速踏板使发动机转速提高,待烟度计提示"请减至怠速并保持",松开加速踏板,保持怠速。 (5)烟度计按设定的域值自动采集数据,并采取数据最大值作为本次的测量结果。 (6)重复试验6次,取连续4次平均值作为测量结果。 (7)将车辆数据与标准值相对比,判断烟度值是否正常。 (8)整理和复位。 注意:具体操作参考烟度计厂家使用说明书	□烟度计准备正常 □车辆准备正常 □正确使用烟度计 □正确判断烟度值是否正常 □按5S整理复位

任务评价

进(排)气系统单个故障诊断排除考核评分记录见表2-36。

进(排)气系统单个故障诊断排除考核评分记录表　　　　　　　　表2-36

类别	序号	项目	考核内容及要求	配分	评分标准(各项配分扣完为止)	得分
专业知识 (20分)	1	进气系统故障诊断知识	正确叙述进气系统故障现象和原因	5	能回答问题,但回答不完整,按比例扣分;不能回答,扣5分	
	2	排气系统故障诊断知识	正确叙述排气系统故障现象和原因	5	能回答问题,但回答不完整,按比例扣分;不能回答,扣5分	

续上表

类别	序号	项目	考核内容及要求	配分	评分标准(各项配分扣完为止)	得分
专业知识 (20分)	3	尾气分析仪知识	正确叙述尾气分析仪的结构和作用	5	能回答问题,但回答不完整,按比例扣分;不能回答,扣5分	
	4	烟度计知识	正确叙述烟度计的结构和作用	5	能回答问题,但回答不完整,按比例扣分;不能回答,扣5分	
操作技能 (80分)	1	劳保用品穿戴	劳保用品穿戴齐全	5	穿戴不全,不得分	
	2	选用工具、设备、材料	选用工具、设备、材料齐全准确	5	缺一件,扣1分;选错一件,扣1分	
	3	工作准备	准备项目齐全	5	准备不充分一项,扣2.5分	
	4	诊断排除进气系统故障	正确诊断排除进气系统故障	5	方法错误,扣5分;未完成,扣2.5分	
		诊断排除排气系统故障	诊断排除排气系统故障	20	方法错误,扣20分;未完成,扣10分	
		使用尾气分析仪诊断发动机故障	正确使用尾气分析仪诊断发动机故障	10	方法错误,扣10分;未完成,扣5分	
		使用烟度计诊断发动机故障	正确使用烟度计诊断发动机故障	10	方法错误,扣10分;未完成,扣5分	
	5	使用工具、设备、材料	工具、设备使用正确	5	工具、设备、材料使用不正确,一种扣2分	
					损坏、丢失任意一件工具,不得分	
	6	操作规程	操作规程执行情况	10	违反操作规程,不得分	
	7	清理现场 (5S管理)	清理、擦洗并回收工具和设备	5	少收一件工具、设备,扣1分	
		分数总计		100	最终得分	

考核员签字:_____　　　　　　　　　　　　　日期:_____年___月___日

任务8　润滑、冷却系统单个故障诊断排除(三级)

▶ 建议学时:2学时

一、知识要求

1.掌握润滑系统故障诊断方法。
2.掌握冷却系统故障诊断方法。

二、技能要求

1. 能诊断排除润滑系统报警故障。
2. 能诊断排除机油消耗量过大故障。
3. 能诊断排除冷却系统故障。

一、润滑系统报警故障诊断

1. 故障现象

发动机工作时,机油压力过低,组合仪表上的机油压力灯持续点亮。

2. 故障原因分析

润滑系统报警故障的原因有机油外部泄漏、油路堵塞、机油压力开关及线路故障、机油泵故障等。

二、机油消耗量过大故障诊断

1. 故障现象

车辆行驶1000km内,机油消耗超过0.6L,可判断为机油消耗过大。发动机机油消耗量过大会导致发动机内部积炭严重、排气冒蓝烟。

2. 故障原因分析

机油消耗量过大原因为机油外部泄漏、发动机内部密封不良烧机油等。

三、冷却系统故障诊断

1. 故障现象

冷却系统常见故障有发动机过热、冷却液不足、冷却风扇不转、冷却风扇常转或异响等。

2. 故障原因分析

冷却系统故障原因有冷却液外部泄漏、传动带故障、水泵故障、节温器故障、冷却风扇故障、散热器盖故障等。

一、实训资源

(1)实训场地:维修工位1个。
(2)实训车辆:轿车1辆或实训台架。
(3)工具耗材与设备:维修手册(节选)1本,工具车1辆,零件车1辆,常用工具1套,个人和车辆防护用品各1套,诊断仪1个,机油压力表1个,万用表1个,塞尺1把,精密直尺1把。

二、安全注意事项

（1）拆装作业前，须做好车辆防护，安装好相应的垫和套。
（2）按安全操作规程操作举升机、电和气动工具。
（3）作业过程中，须做到工量具、设备零部件、油污不落地，按规定处理操作产生的危险废物，做好5S管理。

三、操作过程

1. 诊断排除润滑系统报警故障

诊断排除润滑系统报警故障操作方法及说明见表2-37。

诊断排除润滑系统报警故障操作方法及说明　　　　表2-37

步　骤	操作方法及说明	质量标准及记录
诊断排除机油压力灯持续点亮故障	（1）起动发动机，确认机油压力指示灯一直点亮，熄火； （2）检查机油液面高度，如机油液面过低，检查机油是否泄漏； （2）检查机油滤清器和油路是否堵塞； （3）拆下机油压力开关插接器，检测线路是否断路或短路； （4）检测机油压力开关工作情况；	□机油液面高度正常，无泄漏 □机油滤清器正常 □机油压力开关线路正常 □机油压力开关正常 标准值：急速时，机油压力开关接线和壳体间电阻为10kΩ以上；熄火后，小于1Ω
	（5）检测机油泵工作间隙是否正常	□机油泵工作间隙正常 标准值：主动转子和从动转子顶部间隙为0.08～0.16mm，最大间隙为0.35mm；两个转子和精密直尺侧隙为0.03～0.08mm，最大侧隙为0.16mm

2. 诊断排除机油消耗量过大故障

诊断排除机油消耗量过大故障操作方法及说明见表2-38。

诊断排除机油消耗量过大故障操作方法及说明　　　　表2-38

步　骤	操作方法及说明	质量标准及记录
诊断排除机油消耗量过大故障	（1）检查机油外部泄漏，必要时更换衬垫和油封； （2）检查机油油位是否正确； （3）检查机油黏度等级是否正确； （4）检查曲轴箱通风系统是否阻塞或部件故障； （5）检查气门杆和气门导管密封情况； （6）检查气门油封状况； （7）检查活塞环是否断裂、安装不正确或磨损； （8）检查活塞磨损情况； （9）检查汽缸磨损情况	□机油无外部泄漏 □机油油位正常 □机油黏度等级正确 □曲轴箱通风系统工作正常 □气门杆和气门导管密封正常 □气门油封正常 □活塞环状况正常 □活塞磨损正常 □汽缸磨损正常

3. 诊断排除冷却系统故障

以发动机过热为例,说明诊断排除冷却系统故障操作方法及说明见表2-39。

诊断排除冷却系统故障操作方法及说明 表2-39

步骤	操作方法及说明	质量标准及记录
诊断排除发动机过热故障	(1)检查冷却液量是否充足,如冷却液液面过低,检查冷却系统泄漏; (2)起动发动机并预热,利用故障诊断仪读取冷却液温度,确认发动机过热; (3)检查冷却风扇工作情况; (4)检查散热器表面是否脏污、堵塞; (5)检查冷却水管是否夹住、扭结; (6)检查传动带和张紧器是否正常; (7)检测冷却液冰点; (8)检查是否存在内部冷却液泄漏; (9)检查冷却系统内部是否阻塞,如阻塞则冲洗冷却系统; (10)检查水泵工作情况	□冷却液液面正常,无泄漏 □冷却风扇工作正常 □散热器正常 □冷却水管正常 □传动带和张紧器正常 □冷却液冰点正常 □无内部冷却液泄漏 □冷却系统无阻塞 □水泵工作正常

壹 任务评价

润滑、冷却系统单个故障诊断排除考核评分记录见表2-40。

润滑、冷却系统单个故障诊断排除考核评分记录表 表2-40

类别	序号	项目	考核内容及要求	配分	评分标准(各项配分扣完为止)	得分
专业知识 (20分)	1	润滑系统报警故障诊断知识	正确叙述润滑系统报警故障现象和原因	5	能回答问题,但回答不完整,按比例扣分;不能回答,扣5分	
	2	机油消耗量过大故障诊断知识	正确叙述机油消耗量过大故障现象和原因	5	能回答问题,但回答不完整,按比例扣分;不能回答,扣5分	
	3	冷却系统故障诊断知识	正确叙述冷却系统故障现象和原因	10	能回答问题,但回答不完整,按比例扣分;不能回答,扣10分	
操作技能 (80分)	1	劳保用品穿戴	劳保用品穿戴齐全	5	穿戴不全,不得分	
	2	选用工具、设备、材料	选用工具、设备、材料齐全准确	5	缺一件,扣1分;选错一件,扣1分	
	3	工作准备	准备项目齐全	5	准备不充分一项,扣2.5分	
	4	诊断排除润滑系统报警故障	正确诊断排除润滑系统报警故障	15	方法错误,扣15分;未完成,扣7.5分	
		诊断排除机油消耗量过大故障	正确诊断排除机油消耗量过大故障	15	方法错误,扣15分;未完成,扣7.5分	
		诊断排除冷却系统故障	正确诊断排除冷却系统过热故障	15	方法错误,扣15分;未完成,扣7.5分	

续上表

类别	序号	项 目	考核内容及要求	配分	评分标准(各项配分扣完为止)	得分
操作技能 (80分)	5	使用工具、设备、材料	工具、设备使用正确	5	工具、设备、材料使用不正确，一种扣2分	
					损坏、丢失任意一件工具，不得分	
	6	操作规程	操作规程执行情况	10	违反操作规程，不得分	
	7	清理现场 (5S 管理)	清理、擦洗并回收工具和设备	5	少收一件工具、设备，扣1分	
分数总计				100	最终得分	

考核员签字：_____　　　　　　　　　　　　日期：_____年___月___日

项目三　汽车底盘检修

项目描述

汽车底盘各系统在使用过程中可能出现性能下降或故障,此时维修人员需要对其进行拆检,视情况进行修复或者更换。汽车底盘拆装是进行汽车底盘检修及故障诊断的基础。汽车电器维修工(四级、三级)需要掌握的底盘检修技能主要包括传动系统检修、行驶系统检修、转向系统检修和制动系统检修,以及上述系统的单个故障诊断排除等内容。

本项目通过对汽车底盘拆装、检修以及单个故障诊断排除的流程和方法进行讲解,从而让你掌握汽车底盘检修的专业知识和操作要点。

任务1　传动系统检修(四级)

▶ 建议学时:2学时

考核要求

一、知识要求

1. 掌握离合器总成拆装技术要求。
2. 掌握手动变速器总成拆装技术要求。
3. 掌握万向传动装置拆装技术要求。
4. 掌握主减速器和差速器总成拆装技术要求。
5. 掌握更换自动变速器油、滤芯技术要求。

二、技能要求

1. 能拆装离合器总成。
2. 能拆装手动变速器总成。
3. 能拆装万向传动装置。
4. 能拆装主减速器和差速器总成。
5. 能更换自动变速器油、滤芯。

任务准备

1. 传动系统

汽车传动系统是发动机到驱动车轮之间动力传递的装置,主要由离合器、变速器、万向传动装置和驱动桥等组成。传动系统的主要作用有:减速增矩;变速;实现汽车倒向行驶;必要时中断动力传递;差速。常见的汽车传动系统布置有发动机前置前轮驱动(FF)、发动机前置后轮驱动(FR)、发动机后置后轮驱动(RR)和四轮驱动(4WD)等类型。

2. 离合器

汽车离合器位于发动机和变速器之间,机械式离合器利用摩擦作用传递动力,由主动部分、从动部分、压紧机构和操纵机构四部分组成。离合器的主要零部件有飞轮、离合器片、压盘、离合器盖、分离轴承、分离拨叉等。离合器的作用有:暂时切断发动机与传动系统的动力连接,以便于车辆起步和变速器换挡;限制所传递转矩,防止传动系统过载。

3. 手动变速器

手动变速器位于离合器总成后方,可分为两轴式和三轴式两种,分别用于前轮驱动和后轮驱动车辆。三轴式手动变速器总成主要由换挡杆轴壳体、变速器外壳、中间板、延伸壳、输入轴、输出轴、中间轴、倒挡轴和齿轮等元件组成。手动变速器的作用有:改变传动比,从而改变发动机的转速和转矩,以改变汽车的车速和牵引力;改变力的传递方向,实现倒车行驶;利用空挡切断动力传递,便于发动机能够起动和怠速运行。

4. 万向传动装置

万向传动装置常见的安装位置主要有变速器与驱动桥之间、分动器和各驱动桥之间、转向驱动桥的半轴、断开式驱动桥的半轴等。万向传动装置的作用是连接不在同一直线上的输出轴和输入轴,保证在两轴之间的夹角和距离变化情况下,均能顺利传递动力。

5. 主减速器

主减速器位于驱动桥内,由一对或几对减速齿轮副组成。主减速器的作用是减速增扭,后轮驱动车辆的主减速器还能改变动力传输的方向。

6. 差速器

差速器和主减速器连接在一起,可分为齿轮式差速器和防滑差速器两大类。齿轮式差速器由差速器壳、半轴齿轮、行星齿轮、行星齿轮轴等组成。差速器的作用是在汽车转弯或路面不平等情况下,允许两侧驱动轮以不同转速滚动,即保证两侧驱动车轮均作纯滚动运动。

任务实施

一、实训资源

(1)实训场地:维修工位 1 个。

(2)实训车辆:轿车 1 辆或实训台架。

(3)工具耗材与设备:维修手册(节选)1 本,工具车 1 辆,零件车 1 辆,常用工具 1 套,个人和车辆防护用品各 1 套,离合器定位工具 1 个。

二、安全注意事项

(1)拆装作业前,须做好车辆防护,安装好相应的垫和套。

(2)按安全操作规程操作举升机、电动工具和气动工具。

(3)作业过程中,须做到工量具、设备零部件、油污不落地,按规定处理操作产生的危险废物,做好5S管理。

三、操作过程

1. 拆装离合器总成

拆装离合器总成操作方法及说明见表3-1。

拆装离合器总成操作方法及说明 表3-1

步骤	操作方法及说明	质量标准及记录
1.拆卸离合器总成	(1)断开蓄电池负极; (2)拆卸驱动轴总成; (3)拆卸手动变速驱动桥总成; (4)拆卸离合器液压控制系统及分离机构; (5)拆卸并取出离合器总成 配合标记	□拆卸顺序正确 □工具选用正确 □零部件无损坏
2.安装离合器总成	(1)清洁零部件,使用专用工具完成安装前定位; (2)安装离合器盖总成; (3)检查并调节离合器盖总成; (4)安装离合器液压控制系统及分离机构; (5)安装手动传动桥总成; (6)安装驱动轴总成; (7)连接蓄电池负极,整理和复位	□安装顺序正确 □连接牢固可靠 □工具选用正确 □离合器工作正常

2. 拆装手动变速器总成

以三轴式手动变速器为例,拆装手动变速器总成操作方法及说明见表3-2。

拆装手动变速器总成操作方法及说明　　　　　　　　　　　　　　　表 3-2

步　骤	操作方法及说明	质量标准及记录
1.拆卸手动变速器总成	(1)依次拆卸换挡杆壳体； (2)拆下延伸壳； (3)拆卸前轴承护圈和卡环； (4)拆卸换挡机构； (5)拆卸倒挡轴、中间轴、输入轴和输出轴； (6)清洗机件并做记号，妥善保管	□拆卸顺序正确 □工具选用正确 □零部件无损坏 □拆卸过的油封、密封垫应予以更换 □拆卸的所有零件都应该清洗干净，并做相应检查，不能继续使用的应该予以更换
2.安装手动变速器总成	(1)按拆卸相反顺序进行安装； (2)装配各部轴承及键槽时，应涂上齿轮油来进行预润滑，需要时更换滚针轴承。 注意：零件的工作表面不得用榔头直接锤击，需要时应采用铜棒操作	□安装顺序正确 □连接牢固可靠 □工具选用正确 □变速器工作正常

3.拆装万向传动装置

以后轮驱动车辆为例，拆装万向传动装置操作方法及说明见表 3-3。

拆装万向传动装置操作方法及说明　　　　　　　　　　　　　　　表 3-3

步　骤	操作方法及说明	质量标准及记录
1.拆卸万向传动装置	(1)做好安全防护和万向节标记，拆卸传动轴； 配合记号 (2)依次拆卸后桥凸缘连接螺栓、中轴凸缘连接螺栓、传动轴总成、中间支撑支架螺栓、前端凸缘盘、中间轴	□拆卸顺序正确 □工具选用正确 □零部件无损坏 □十字轴油嘴错位 180°，防尘套夹箍开口错位 180°
2.安装万向传动装置	(1)检修、清洗、吹干零件，在轴承上涂润滑脂； (2)按拆卸相反顺序进行安装	□安装顺序正确 □连接牢固可靠 □工具选用正确 □万向传动装置工作正常

4.拆装主减速器和差速器总成

以后轮驱动车辆为例，拆装主减速器和差速器总成操作方法及说明见表 3-4。

拆装主减速器和差速器总成操作方法及说明　　　　　　　　　　　表 3-4

步　骤	操作方法及说明	质量标准及记录
拆装主减速器和差速器总成	(1)拆卸： ①将车辆举升至合适高度，排放齿轮油； ②拆卸半轴附件； ③拆卸主减速器及差速器总成；	□拆装顺序正确 □工具选用正确 □零部件无损坏

续上表

步骤	操作方法及说明	质量标准及记录
拆装主减速器和差速器总成	④做好标记,拆下左右轴承盖并分开放置; ⑤拆卸左右调整螺环并有序放置。 (2)安装 ①解体主减速器和差速器,清洗检查机件; ②按拆卸相反顺序进行安装	□齿轮啮合间隙、轴承轴间隙正确 □主减速器和差速器工作正常

5. 更换自动变速器油、滤芯

更换自动变速器油、滤芯操作方法及说明见表3-5。

更换自动变速器油、滤芯操作方法及说明 表3-5

步骤	操作方法及说明	质量标准及记录
更换自动变速器油、滤芯	(1)按规程举升车辆; (2)拆卸油底螺栓,排放变速器油 容器 (3)拆卸油底壳,更换滤芯; (4)清理并安装油底壳; (5)加注自动变速器油后,进行测试。 注意:若使用制动变速器油更换机,操作时应遵循设备厂家的使用说明书	□油液无渗漏 □螺栓连接牢固 □变速器工作正常 □按规定处理危废物

任务评价

传动系统检修考核评分记录见表3-6。

传动系统检修考核评分记录表 表3-6

类别	序号	项目	考核内容及要求	配分	评分标准(各项配分扣完为止)	得分
专业知识 (20分)	1	传动系统知识	正确叙述传动系统的组成、作用和布置类型	5	能回答问题,但回答不完整,按比例扣分;不能回答,扣5分	
	2	离合器知识	正确叙述离合器的位置、组成和作用	5	能回答问题,但回答不完整,按比例扣分;不能回答,扣5分	
	3	手动变速器知识	正确叙述手变速器的类型、组成和作用	5	能回答问题,但回答不完整,按比例扣分;不能回答,扣5分	
	4	万向传动装置、主减速器和差速器知识	正确叙述万向传动装置、主减速器和差速器的位置和作用	5	能回答问题,但回答不完整,按比例扣分;不能回答,扣5分	

续上表

类别	序号	项目	考核内容及要求	配分	评分标准(各项配分扣完为止)	得分
操作技能 (80分)	1	劳保用品穿戴	劳保用品穿戴齐全	5	穿戴不全,不得分	
	2	选用工具、设备、材料	选用工具、设备、材料齐全准确	5	缺一件,扣1分;选错一件,扣1分	
	3	工作准备	准备项目齐全	5	准备不充分一项,扣2.5分	
	4	拆装离合器总成	正确拆装离合器总成	10	方法错误,扣10分;未完成,扣5分	
		拆装手动变速器总成	正确拆装手动变速器总成	10	方法错误,扣10分;未完成,扣5分	
		拆装万向传动装置	正确拆装万向传动装置	5	方法错误,扣5分;未完成,扣2.5分	
		拆装主减速器和差速器总成	正确拆装主减速器和差速器总成	10	方法错误,扣10分;未完成,扣5分	
		更换自动变速器油、滤芯	正确更换自动变速器油、滤芯	10	方法错误,扣10分;未完成,扣5分	
	5	使用工具、设备、材料	工具、设备使用正确	5	工具、设备、材料使用不正确,一种扣2分	
					损坏、丢失任意一件工具,不得分	
	6	操作规程	操作规程执行情况	10	违反操作规程,不得分	
	7	清理现场 (5S管理)	清理、擦洗并回收工具和设备	5	少收一件工具、设备,扣1分	
		分数总计		100	最终得分	

考核员签字:_____   日期:_____年___月___日

任务2　行驶系统检修(四级)

▶ 建议学时:2学时

一、知识要求

1. 掌握轮毂轴承拆装技术要求。
2. 掌握车辆四轮定位操作技术要求。
3. 掌握车轮动平衡机操作技术要求。
4. 掌握扒胎机操作技术要求。

二、技能要求

1. 能更换轮毂轴承。
2. 能进行车轮定位检查。
3. 能进行车轮动平衡检查。
4. 能更换轮胎。

任务准备

一、行驶系统基础知识

1. 行驶系统

汽车行驶系统一般由车架、车桥、车轮和悬架等组成。行驶系统的作用有：接收传动系的动力，通过驱动轮使汽车正常行驶；承受汽车总重量和地面反力；缓和不平路面对车身造成的冲击，衰减汽车行驶中的振动，保持行驶的平顺性；与转向系统配合，保证汽车的操纵稳定性。

2. 四轮定位

四轮定位包括前轮定位和后轮定位。转向轮、转向节和前轴三者之间的安装具有一定的相对位置，称为转向车轮定位或前轮定位。前轮定位包括主销后倾角、主销内倾角、前轮外倾角和前轮前束。后轮与后轴之间安装的相对位置称为后轮定位。后轮定位包括车轮外倾角和后轮前束。四轮定位参数会影响汽车转向操纵性、行驶可靠性和轮胎的磨损。

3. 车轮动平衡

汽车的车轮是由轮胎和轮毂组成，由于制造时质量分布不均匀，车轮在高速旋转时会形成动不平衡状态，导致行驶中车轮抖动、异响、转向盘振动等的现象。为了避免产生这种现象，通过在轮毂上增加配重的方法进行校正，该过程称为车轮动平衡。

二、行驶系统检修工具设备知识

1. 四轮定位仪

四轮定位仪是用于检测车轮定位参数，并与原厂设计参数进行对比，指导维修人员对参数进行相应调整的专用设备。四轮定位仪主要由定位仪主机及附件组成，主机由机箱、电脑主机、定位传感器、通信系统、充电系统、总供电系统等组成，附件由转向盘固定器、制动装置固定器、转角盘及夹具等组成。四轮定位仪与四轮定位举升机一起使用，不同类型四轮定位仪操作方法不同，应遵循厂家说明书规范操作。

2. 车轮动平衡机

车轮动平衡机是进行车轮动平衡的专用设备。使用车轮动平衡机时，应遵循厂家说明书规范操作。

3. 扒胎机

扒胎机是进行轮胎拆装的专用设备。使用扒胎机时，应遵循厂家说明书规范操作。

一、实训资源

(1)实训场地:维修工位 1 个。
(2)实训车辆:轿车 1 辆或实训台架。
(3)工具耗材与设备:维修手册(节选)1 本,工具车 1 辆,零件车 1 辆,常用工具 1 套,个人和车辆防护用品各 1 套,轮毂轴承拆装专用工具 1 套,四轮定位举升机 1 台,四轮定位仪 1 套,车轮动平衡机 1 台,扒胎机 1 台。

二、安全注意事项

(1)拆装作业前,须做好车辆防护,安装好相应的垫和套。
(2)按安全操作规程操作举升机、四轮定位仪、车轮动平衡机和扒胎机。
(3)作业过程中,须做到工量具、设备零部件、油污不落地,做好 5S 管理。

三、操作过程

1. 更换轮毂轴承

更换轮毂轴承操作方法及说明见表 3-7。

更换轮毂轴承操作方法及说明　　　　表 3-7

步　骤	操作方法及说明	质量标准及记录
更换轮毂轴承	(1)举升车辆,拆下前轮和半轴自锁螺母; (2)拆下制动卡钳,用挂钩悬挂于车体上; (3)依次拆卸转向拉杆球头螺母、分离转向拉杆、转向节; (4)拆卸制动盘、传感器等附件; (5)拆卸轮毂轴承内圈、轴承限位卡簧,用压力机取出轮毂轴承; (6)按拆卸相反顺序安装新轮毂轴承	□拆装顺序正确 □工具选用正确 □零件无损坏 □安装牢固 □轮毂轴承转动顺畅

2. 车辆四轮定位

车辆四轮定位操作方法及说明见表 3-8。

车辆四轮定位操作方法及说明　　　　表 3-8

步　骤	操作方法及说明	质量标准及记录
车辆四轮定位	(1)检测底盘、胎压及悬架等系统,确保符合要求; (2)把车辆行驶到定位升降机上停放好; (3)安装车轮传感器,固定好制动踏板和转向盘,举升车辆,设置参数进行测试; (4)根据数据偏差的程度,调整车轮定位参数; (5)路试检查车辆的行驶稳定性和操纵性。 注意:操作时,应遵循设备厂家的使用说明书	□操作过程规范 □车轮定位调整应从后轮至前轮,最后调整前轮前束 □定位参数符合维修手册要求

3. 车轮动平衡

车轮动平衡在车轮动平衡机上进行。车轮动平衡操作方法及说明见表 3-9。

车轮动平衡操作方法及说明 表 3-9

步骤	操作方法及说明	质量标准及记录
车轮动平衡	(1)检查轮胎气压是否正常; (2)除掉车轮上的铅块,清理轮胎花纹夹石; (3)将车轮安装到平衡机上; (4)接通平衡机电源,用尺子测量轮辋与平衡机间的距离,在平衡机上输入数值; (5)放下防护罩,按下开始按键开始测量; (6)车轮自动停转后,从指示台上读出车轮内、外不平衡量和位置; (7)用手转动车轮至装置发出信号时停止,根据显示轮辋边缘的不平衡量和位置,进行配重并卡牢固; (8)重复操作,直至动不平衡量小于5g,显示合格为止。 注意:操作时遵循设备厂家的使用说明书	□正确使用车轮动平衡机 □严禁修改程序参数 □车轮不平衡量小于5g

4. 更换轮胎

更换轮胎在扒胎机上进行。拆装轮胎操作方法及说明见表 3-10。

拆装轮胎操作方法及说明 表 3-10

步骤	操作方法及说明	质量标准及记录
更换轮胎	(1)将轮胎放到轮胎挤压位置,用轮缘拆离蹄压迫轮胎,使轮胎与轮毂彻底分离; (2)将轮胎拆装台放好,踩下踏板来撑牢轮毂; (3)安装拆装鸟头(鸟头离钢圈50mm)并紧固; (4)用撬棍将轮胎边缘挑到鸟头上,踩下转动踏板使扒胎机工作台顺时针旋转,即可拆下轮胎外侧,使用同样方法拆下内侧的轮胎,将轮胎扒出轮毂; (5)按拆卸相反顺序安装轮胎。 注意:操作时,应遵循设备厂家的使用说明书	□正确使用扒胎机 □更换后轮胎、轮辋正常

任务评价

行驶系统检修考核评分记录见表 3-11。

行驶系统检修考核评分记录表 表 3-11

类别	序号	项目	考核内容及要求	配分	评分标准(各项配分扣完为止)	得分
专业知识 (20分)	1	行驶系统知识	正确叙述行驶系统的组成和作用	5	能回答问题,但回答不完整,按比例扣分;不能回答,扣5分	
	2	四轮定位知识	正确叙述四轮定位的内容及作用	5	能回答问题,但回答不完整,按比例扣分;不能回答,扣5分	
	3	车轮动平衡知识	正确叙述车轮动平衡的作用	5	能回答问题,但回答不完整,按比例扣分;不能回答,扣5分	
	4	四轮定位仪、车轮动平衡机和扒胎机知识	正确叙述四轮定位仪、车轮动平衡机和扒胎机的作用	5	能回答问题,但回答不完整,按比例扣分;不能回答,扣5分	

续上表

类别	序号	项目	考核内容及要求	配分	评分标准(各项配分扣完为止)	得分
操作技能 (80 分)	1	劳保用品穿戴	劳保用品穿戴齐全	5	穿戴不全,不得分	
	2	选用工具、设备、材料	选用工具、设备、材料齐全准确	5	缺一件,扣1分;选错一件,扣1分	
	3	工作准备	准备项目齐全	5	准备不充分一项,扣2.5分	
	4	更换轮毂轴承	正确拆装轮毂轴承	10	方法错误,扣10分;未完成,扣5分	
		车辆四轮定位	正确使用四轮定位仪	15	方法错误,扣15分;未完成,扣7.5分	
		车轮动平衡	正确使用车轮动平衡机	10	方法错误,扣10分;未完成,扣5分	
		更换轮胎	正确使用扒胎机	10	方法错误,扣10分;未完成,扣5分	
	5	使用工具、设备、材料	工具、设备使用正确	5	工具、设备、材料使用不正确,一种扣2分	
					损坏、丢失任意一件工具,不得分	
	6	操作规程	操作规程执行情况	10	违反操作规程,不得分	
	7	清理现场(5S 管理)	清理、擦洗并回收工具和设备	5	少收一件工具、设备,扣1分	
		分数总计		100	最终得分	

考核员签字:＿＿＿＿＿＿＿＿　　　　　　　　　　　　　　日期:＿＿＿＿年＿＿月＿＿日

任务3　转向系统检修(四级)

▶ 建议学时:2 学时

一、知识要求

1.掌握机械转向器更换技术要求。
2.掌握液压助力转向器更换技术要求。
3.掌握电动助力转向器更换技术要求。
4.掌握转向传动机构更换技术要求。

二、技能要求

1.能更换转向器总成。

2. 能更换转向传动机构。

1. 机械转向系统

机械转向系统是以驾驶人的操作动力作为转向能源的转向系统,所有传力件均为机械元件。机械转向系统由转向操纵机构、转向器和转向传动机构组成。

转向操纵机构的作用是将驾驶人转动转向盘的运动和力传递给转向器,主要由转向盘、转向柱和转向万向节等组成。

转向器主要作用是减速增扭,并改变动力传递方向,可分为齿轮齿条式、循环球式和蜗杆曲柄指销式等类型,目前轿车上多采用齿轮齿条式转向器。

转向传动机构的作用是将转向器的运动和力传递给转向轮,主要由转向拉杆、转向节等组成。

2. 液压助力转向系统

液压助力转向系统是在机械转向系统的基础上增加一套液压助力装置的转向系统。液压助力装置由助力转向油泵、液压缸、液压控制阀、储油箱和管路等组成。

3. 电动助力转向系统

电动助力转向系统是在机械转向系统的基础上增加一套电动助力装置的转向系统。电动助力装置由扭矩传感器、车速传感器、助力转向电动机、减速机构和电子控制单元(ECU)等组成。

一、实训资源

(1)实训场地:维修工位1个。
(2)实训车辆:轿车1辆或实训台架。
(3)工具耗材与设备:维修手册(节选)1本,工具车1辆,零件车1辆,常用工具1套,个人和车辆防护用品各1套。

二、安全注意事项

(1)拆装作业前,须做好车辆防护,安装相应的垫和套。
(2)按安全操作规程操作举升机、电动工具和气动工具。
(3)作业过程中,须做到工量具、设备零部件、油污不落地,按规定处理操作产生的危险废物,做好5S管理。

三、操作过程

1. 更换机械转向器
更换机械转向器操作方法及说明见表3-12。

更换机械转向器操作方法及说明 表 3-12

步　骤	操作方法及说明	质量标准及记录
更换机械转向器	(1)锁定转向盘,转向盘旋置于转向位置,拔出点火开关; (2)举升车辆; (3)依次拆卸输入轴防尘罩、转向柱的紧固螺栓、前轮、转向横拉杆球节、前副车架支撑杆并放置好,拆下转向器; (4)按拆卸相反顺序进行安装	□拆装顺序正确 □工具选用正确 □零件无损坏 □安装牢固 □转向器工作正常

2.更换液压助力转向器

更换液压助力转向器操作方法及说明见表 3-13。

更换液压助力转向器操作方法及说明 表 3-13

步　骤	操作方法及说明	质量标准及记录
更换液压助力转向器	(1)锁定转向盘,转向盘旋置于转向位置,拔出点火开关; (2)举升车辆; (3)排放转向液压油; (4)依次拆卸横拉杆固定螺母和横拉杆、左前轮罩转向器的固定螺栓,松开转向控制阀进油管、转向器左边自锁螺母,放下车辆,紧固齿条与转向横拉杆螺栓、仪表板侧边下盖和踏板盖、转向控制阀泄放螺栓,固定转向器自锁螺母,拆下转向器; (5)按拆卸相反顺序进行安装	□拆装顺序正确 □工具选用正确 □零件无损坏 □安装牢固 □油管路无空气 □转向器工作正常

3.更换电动助力转向器

更换电动助力转向器操作方法及说明见表 3-14。

更换电动助力转向器操作方法及说明 表 3-14

步　骤	操作方法及说明	质量标准及记录
更换电动助力转向器	(1)锁定转向盘,转向盘旋置于转向位置,拔出汽车起动钥匙; (2)断开蓄电池负极电缆,降下副车架,拆下转向横拉杆和球头,取下转向器上隔热板,拆下转向器线束,用专用工具降下副车架,拆下转向器; (3)按拆卸相反顺序进行安装	□拆装顺序正确 □工具选用正确 □零件无损坏 □安装牢固 □转向器工作正常

4.更换转向传动机构

更换转向传动机构操作方法及说明见表 3-15。

更换转向传动机构操作方法及说明 表 3-15

步　骤	操作方法及说明	质量标准及记录
转向传动机构更换装	(1)拆卸转向节臂连接螺栓,取下直拉杆,拆卸梯形臂连接螺栓,取下横拉杆总成,用手锤和铜棒向拆下左转向节。并用同法拆下右转向节; (2)按拆卸相反顺序进行安装	□拆装顺序正确 □工具选用正确 □零件无损坏 □安装牢固 □转向传动机构工作正常

转向系统检修考核评分记录见表 3-16。

转向系统检修考核评分记录表   表3-16

类别	序号	项目	考核内容及要求	配分	评分标准(各项配分扣完为止)	得分
专业知识 (20分)	1	机械转向系统知识	正确叙述机械转向系统的组成和作用	10	能回答问题,但回答不完整,按比例扣分;不能回答,扣10分	
	2	液压助力转向系统知识	正确叙述液压助力转向系统的组成和作用	5	能回答问题,但回答不完整,按比例扣分;不能回答,扣5分	
	3	电动助力转向系统知识	正确叙述电动助力转向系统的组成和作用	5	能回答问题,但回答不完整,按比例扣分;不能回答,扣5分	
操作技能 (80分)	1	劳保用品穿戴	劳保用品穿戴齐全	5	穿戴不全,不得分	
	2	选用工具、设备、材料	选用工具、设备、材料齐全准确	5	缺一件,扣1分;选错一件,扣1分	
	3	工作准备	准备项目齐全	5	准备不充分一项,扣2.5分	
	4	更换机械转向器	正确更换机械转向器	10	方法错误,扣10分;未完成,扣5分	
		更换液压助力转向器	正确更换液压助力转向器	10	方法错误,扣10分;未完成,扣5分	
		更换电动助力转向器	正确更换电动助力转向器	15	方法错误,扣15分;未完成,扣7.5分	
		更换转向传动机构	正确更换转向传动机构	10	方法错误,扣10分;未完成,扣5分	
	5	使用工具、设备、材料	工具、设备使用正确	5	工具、设备、材料使用不正确,一种扣2分	
					损坏、丢失任意一件工具,不得分	
	6	操作规程	操作规程执行情况	10	违反操作规程,不得分	
	7	清理现场(5S管理)	清理、擦洗并回收工具和设备	5	少收一件工具、设备,扣1分	
		分数总计		100	最终得分	

考核员签字:_____   日期:_____年___月___日

任务4 制动系统检修(四级)

▶ 建议学时:2学时

考核要求

一、知识要求

1. 掌握制动主缸或制动控制阀更换技术要求。

2. 掌握制动助力器总成更换技术要求。
3. 掌握盘(鼓)式制动器总成更换技术要求。
4. 掌握驻车制动装置拆装技术要求。

二、技能要求

1. 能更换制动主缸。
2. 能更换制动助力器总成。
3. 能更换盘(鼓)式制动器总成。
4. 能拆装驻车制动装置。

任务准备

1. 液压传动

液压传动是以液压油为工作介质的一种传动方式。液压传动系统由油泵、油缸、控制阀和各类辅助元件组成。油泵将机械能转化为液压能,是液压系统工作的动力源。油缸将液压能转化为机械能,是液压系统的执行元件。控制阀用于控制或调节液压系统中液压油的流动方向、压力和流量。

汽车上采用的液压传动有容积式液压传动和动力式液压传动两种。容积式液压传动的典型应用是液压制动系统和液压动力转向系统;动力式液压传动主要用于液力自动变速器车辆的液力变矩器和液力耦合器。

2. 制动主缸

制动主缸又称为制动总泵,其作用是利用液压原理增加驾驶人的踏板作用力。按活塞数分为单活塞制动主缸与串联双活塞制动主缸。目前轿车多采用双管路制动系统和串联双活塞制动主缸。

3. 制动助力装置

制动助力装置安装在制动踏板和制动主缸之间,作用是增大驾驶人踩制动踏板的力。常见的制动助力装置类型有真空助力装置和液压助力装置。真空助力装置利用发动机进气歧管产生的真空或电动真空泵产生的真空。

4. 盘式制动器

盘式制动器摩擦副中的旋转元件为制动盘。盘式制动器按结构形式可分为钳盘式和全盘式两种,钳盘式制动器又分为定钳盘式和浮钳盘式两种。钳盘式制动器主要由制动轮缸、制动盘、制动钳、制动片、油管等组成。与鼓式制动器相比,盘式制动器具有散热快、质量轻、构造简单、调整方便等优点,在轿车上的应用广泛。

5. 鼓式制动器

鼓式制动器摩擦副中的旋转元件为制动鼓。鼓式制动器按结构形式可分为双向自增力式、双领蹄式、领从蹄式和双从蹄式。鼓式制动器主要由制动轮缸、制动鼓、制动蹄、复位弹簧、间隙调整装置等组成。与盘式制动器相比,鼓式制动器具有成本低、制动力大等优点,主要用于货车或轿车后轮。

一、实训资源

(1) 实训场地:维修工位 1 个。
(2) 实训车辆:轿车 1 辆或实训台架。
(3) 工具耗材与设备:维修手册(节选) 1 本,工具车 1 辆,零件车 1 辆,常用工具 1 套,个人和车辆防护用品各 1 套,制动轮缸复位工具 1 个,鼓式制动器拆装专用工具 1 套。

二、安全注意事项

(1) 拆装作业前,须做好车辆防护,安装好相应的垫和套。
(2) 按安全操作规程操作举升机、电和气动工具。
(3) 作业过程中,须做到工量具、设备零部件、油污不落地,按规定处理操作产生的危险废物,做好 5S 管理。

三、操作过程

1. 更换制动主缸

更换制动主缸操作方法及说明见表 3-17。

更换制动主缸操作方法及说明　　　　　　　　　　表 3-17

步　骤	操作方法及说明	质量标准及记录
更换制动主缸	(1) 断开蓄电池负极电缆; (2) 断开制动主缸电气接头; (3) 拆下制动主缸盖,抽出制动液; (4) 断开制动主缸液压管油,拆下制动主缸; (5) 按拆卸相反顺序安装制动主缸,排放管路空气	□拆装顺序正确 □正确选用工具 □螺栓连接牢固 □零件无损坏 □无油液渗漏 □管路无空气 □制动主缸工作正常

2. 更换制动助力器总成

更换制动助力器总成操作方法及说明见表 3-18。

更换制动助力器总成操作方法及说明　　　　　　　表 3-18

步　骤	操作方法及说明	质量标准及记录
更换制动助力器总成	(1) 断开蓄电池负极电缆; (2) 拆下制动主缸; (3) 分开真空管和制动助力器; (4) 分开制动踏板和助力器轴,拆下助力器; (5) 按拆卸相反顺序安装制动助力器,按要求加注制动液、排放管路空气	□拆装顺序正确 □正确选用工具 □螺栓连接牢固 □零件无损坏 □无油液渗漏 □管路无空气 □制动主缸工作正常 □制动助力器工作正常

3. 更换盘式制动器总成

更换盘式制动器总成操作方法及说明见表3-19。

更换盘式制动器总成操作方法及说明　　　　　　表3-19

步　骤	操作方法及说明	质量标准及记录
更换盘式制动器总成	(1)拆卸车轮,在轮胎表面做好位置标记; (2)拆下制动轮缸,用吊钩把制动轮缸挂起; (3)依次拆下2个摩擦块、2个消声片、2个磨损指示板、2个摩擦块支撑板; (4)装配前,检查和清理轮毂、制动盘接合面、制动摩擦片的磨损情况,测量制动盘装配后的横向跳动量是否符合规定; (5)按拆卸相反顺序安装盘式制动器总成。 注意:拆卸盘式制动器后,不要踩制动踏板。换用新的制动摩擦片时,用专用工具将制动轮缸推回	□拆装顺序正确 □正确选用工具 □螺栓连接牢固 □零件无损坏 拆装盘式制动器 □盘式制动器工作正常

4. 拆装驻车制动装置

拆装驻车制动装置操作方法及说明见表3-20。

拆装驻车制动装置操作方法及说明　　　　　　表3-20

步　骤	操作方法及说明	质量标准及记录
拆装驻车制动装置(鼓式)	(1)拆卸: ①拆卸后轮; ②拆卸制动鼓、放松制动蹄调整器; ③拆下压缩弹簧和制动蹄定位销; ④拆下驻车制动拉索,并拆下制动蹄。 (2)安装: 按拆卸相反顺序安装驻车制动装置。 (3)间隙调整: ①松开驻车制动手柄,用力踩一下制动踏板,使后轮制动器具有正确的蹄鼓间隙; ②将驻车制动手柄拉紧2齿; ③旋转调整螺母和限位垫圈,直至用手不能转动后轮为止; ④松开驻车制动操纵手柄,支起后桥车轮应能自由转动	□拆装顺序正确 □正确选用工具 □连接牢固 □零件无损坏 □驻车制动器工作正常

任务评价

制动系统检修考核评分记录见表3-21。

制动系统检修考核评分记录表　　　　　　表3-21

类别	序号	项目	考核内容及要求	配分	评分标准（各项配分扣完为止）	得分
专业知识（20分）	1	液压传动知识	正确叙述液压传动的组成、原理和在汽车上的应用	5	能回答问题，但回答不完整，按比例扣分；不能回答，扣5分	
	2	制动助力装置知识	正确叙述制动助力装置的位置、类型和作用	5	能回答问题，但回答不完整，按比例扣分；不能回答，扣5分	
	3	制动主缸知识	正确叙述制动主缸的类型和作用	5	能回答问题，但回答不完整，按比例扣分；不能回答，扣5分	
	4	盘式制动器和鼓式制动器知识	正确叙述盘式制动器和鼓式制动器的结构特点	5	能回答问题，但回答不完整，按比例扣分；不能回答，扣5分	
操作技能（80分）	1	劳保用品穿戴	劳保用品穿戴齐全	5	穿戴不全，不得分	
	2	选用工具、设备、材料	选用工具、设备、材料齐全准确	5	缺一件，扣1分；选错一件，扣1分	
	3	工作准备	准备项目齐全	5	准备不充分一项，扣2.5分	
	4	更换制动主缸	正确更换制动主缸	5	方法错误，扣5分；未完成，扣2.5分	
		更换制动助力器总成	正确更换制动助力器总成	10	方法错误，扣10分；未完成，扣5分	
		更换盘式制动器总成	正确更换盘式制动器总成	10	方法错误，扣10分；未完成，扣5分	
		更换鼓式制动器总成	正确更换鼓式制动器总成	10	方法错误，扣10分；未完成，扣5分	
		拆装驻车制动装置	正确拆装驻车制动装置	10	方法错误，扣10分；未完成，扣5分	
	5	使用工具、设备、材料	工具、设备使用正确	5	工具、设备、材料使用不正确，一种扣2分；损坏、丢失任意一件工具，不得分	
	6	操作规程	操作规程执行情况	10	违反操作规程，不得分	
	7	清理现场（5S管理）	清理、擦洗并回收工具和设备	5	少收一件工具、设备，扣1分	
		分数总计		100	最终得分	

考核员签字：_____　　　　　　　　　　　　　　日期：_____年___月___日

任务5　传动系统单个故障诊断排除(三级)

▶ 建议学时:2学时

一、知识要求

1. 掌握离合器故障诊断排除技术要求。
2. 掌握手动变速器故障排除技术要求。
3. 掌握自动变速器技术状况的测试技术要求。
4. 掌握万向传动装置故障诊断排除技术要求。
5. 掌握主减速器和差速器故障诊断排除技术要求。

二、技能要求

1. 能诊断和排除离合器故障。
2. 能诊断和排除手动变速器故障。
3. 能测试自动变速器的技术状况。
4. 能诊断和排除万向传动装置故障。
5. 能诊断和排除主减速器和差速器故障。

一、离合器故障诊断

1. 故障现象

离合器常见故障有打滑、不能分离、异响、起步发抖等。

2. 故障原因分析

离合器打滑的原因有踏板自由行程过小、摩擦片磨损变形、弹簧压紧力过小、分离杠杆变形等。离合器不能分离的原因有踏板自由行程过大、摩擦片变形、分离杠杆变形、操纵机构故障等。离合器异响的原因有分离轴承故障、分离轴承与分离杠杆间隙过小、从动盘花键磨损等。起步发抖的原因有分离杠杆内端不平、从动盘和压盘变形、压紧弹簧变形损坏、连接件松动等。

二、手动变速器故障诊断

1. 故障现象

手动变速器常见故障现象有乱挡、挂挡困难、异响和漏油等。

2. 故障原因分析

手动变速器乱挡的原因有互锁装置故障、变速器操纵机构故障等,挂挡困难的原因有离合器故障、同步器故障、变速器油量不足或变质、齿轮故障、花键故障、变速器轴变形等,异响原因主要有齿轮故障、轴承故障和变速器油变质等,变速器漏油主要原因为壳体破裂、密封件失效等。

三、万向传动装置故障诊断

1. 故障现象

万向传动装置常见故障现象有汽车起步时或行驶中改变车速时有撞击声、汽车行驶时有异响、汽车行驶时有异响并伴随车身抖振等。

2. 故障原因分析

万向传动装置异响原因有动不平衡、轴承故障、传动轴变形、花键磨损、连接松动等。

四、主减速器和差速器故障诊断

1. 故障现象

主减速器和差速器故障现象有异响、漏油等。

2. 故障原因分析

主减速器和差速器异响的原因有油液不足或变质、齿轮磨损变形、轴承损坏等,漏油的原因为壳体破裂和密封件失效。

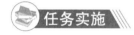
任务实施

一、实训资源

(1)实训场地:维修工位 1 个。
(2)实训车辆:轿车 1 辆或实训台架。
(3)工具耗材与设备:维修手册(节选)1 本,工具车 1 辆,零件车 1 辆,常用工具 1 套,个人和车辆防护用品各 1 套,游标卡尺 1 把,自动变速器油压表 1 套。

二、安全注意事项

(1)拆装作业前,须做好车辆防护,安装好相应的垫和套。
(2)按安全操作规程操作举升机、电动工具和气动工具。
(3)作业过程中,须做到工量具、设备零部件、油污不落地,按规定处理操作产生的危险废物,做好 5S 管理。

三、操作过程

1. 诊断排除离合器故障

诊断排除离合器故障操作方法及说明见表 3-22。

诊断排除离合器故障操作方法及说明 表3-22

步　骤	操作方法及说明	质量标准及记录
1. 诊断排除离合器打滑故障	(1) 检查离合器踏板自由行程是否过小； (2) 检查离合片有无磨损、脏污、变形等； (3) 检查离合器膜片弹簧是否破损、变形； (4) 检查压盘是否磨损、变形	□离合器踏板自由行程符合要求 □离合器片状况正常 □膜片弹簧状况正常 □压盘状况正常
2. 诊断排除离合器不能分离故障	(1) 检查离合器踏板自由行程是否过大； (2) 检查离合器片是否变形； (3) 检查分离杠杆是否弯曲变形、支座松动，或支座轴销脱出	□离合器踏板自由行程符合要求 □离合器片状况正常 □分离杠杆状况正常
3. 诊断排除离合器异响故障	(1) 检查分离轴承是否缺润滑剂或轴承损坏； (2) 检查分离轴承与分离杠杆内端间隙是否符合标准； (3) 检查分离轴承套筒与导管之前是否有油污、尘腻，或分离轴承复位弹簧与踏板复位弹簧有无疲劳、折断、脱落； (4) 检查从动盘花键孔与其花键轴配合是否松旷； (5) 检查从动盘减振弹簧有无退火、疲劳或折断； (6) 检查从动盘摩擦片铆钉是否松动或外露	□分离轴承状况正常 □分离轴承与分离杠杆间隙正常 □分离轴承套筒与导管之间状况正常 □回位弹簧状况正常 □从动盘状况正常
4. 诊断排除起步发抖故障	(1) 检查分离杠杆内端高度是否不处在同一平面内； (2) 检查从动盘或压盘是否翘曲变形，飞轮工作端面的端面是否圆跳动严重； (3) 检查从动盘摩擦片厚度是否不均匀、油污、烧焦、表面不平整、表面硬化、铆钉露出、铆钉松动或切断、波形弹簧片损坏； (4) 检查压紧弹簧的弹力是否不均、疲劳或个别折断、膜片弹簧疲劳或开裂； (5) 检查从动盘上的缓冲片破裂或减振弹簧是否疲劳、折断； (6) 检查发动机支架、变速器、飞轮、飞轮壳等的固定螺栓是否松动	□分离杠杆内端状况正常 □从动盘状况正常 □压盘状况正常 □飞轮工作断面正常 □膜片弹簧状况正常 □螺栓连接牢固

2.诊断排除手动变速器故障

诊断排除手动变速器故障操作方法及说明见表3-23。

诊断排除手动变速器故障操作方法及说明 表3-23

步骤	操作方法及说明	质量标准及记录
1.诊断排除变速器乱挡故障	(1)检查互锁装置是否失效; (2)检查变速杆下端弧形工作面是否磨损过大或拨叉轴上拨块的凹槽是否磨损过大; (3)检查变速杆球头定位销是否折断或球孔、球头是否磨损松旷	□互锁装置工作正常 □变速器操纵机构工作正常
2.诊断排除变速器挂挡困难故障	(1)检查变速器齿轮油是否不足或过量,是否符合规格; (2)检查同步器是否散架、锥环内锥面螺旋槽是否磨损、滑块是否磨损、弹簧是否过软等; (3)检查输入轴是否弯曲、花键是否磨损严重; (4)检查拨叉轴是否弯曲、锁紧弹簧是否过硬、钢球是否损伤	□变速器齿轮油状态正常 □同步器工作正常 □输入轴状态正常 □变速器操纵机构工作正常
3.诊断排除变速器异响故障	(1)检查齿轮油是否不足、过稀、过稠或质量变坏,是否掉入异物等; (2)检查齿轮是否磨损过其变薄、间隙过大、运转中有冲击; (3)检查齿轮齿面是否啮合不良,若修理时没有成对更换齿轮,新、旧齿轮搭配,则齿轮不能正确啮合; (4)检查齿面金属是否疲劳剥落或个别损坏折断; (5)检查齿轮与轴上的花键配合是否松旷,或齿轮的轴向间隙是否过大; (6)检查是否因轴弯曲或轴承松旷而引起齿轮啮合间隙改变; (7)检查轴承是否磨损严重; (8)检查轴承内(外)座圈与轴颈(孔)配合是否松动; (9)检查轴承滚珠是否碎裂或有烧蚀麻点	□变速器油状况正常 □齿轮状况正常 □轴承状况正常
4.诊断排除变速器漏油故障	(1)检查齿轮油是否选用不当或油量过多; (2)检查变速器密封垫和油封有无损坏; (3)检查放油塞固定螺栓是否松动或滑牙; (4)检查变速器箱体及盖的固定螺栓是否松动或滑牙; (5)检查变速器壳体是否破裂; (6)检查里程表齿轮限位器是否松脱或破损	□变速器油状况正常 □密封件状况正常 □放油塞状况正常 □变速器壳体正常 □里程表齿轮限位器状况正常

3. 诊断自动变速器技术状况

诊断自动变速器技术状况操作方法及说明见表3-24。

诊断自动变速器技术状况操作方法及说明　　表3-24

步　骤	操作方法及说明	质量标准及记录
1. 自动变速器常规检测	(1)起动发动机至正常工作温度； (2)自动变速置于"N"挡； (3)检测发动机怠速转速	□发动机怠速在规定的范围内
2. 自动变速器挡位检测	检查自动变速各个挡位的工作情况是否良好	□各个挡位工作正常
3. 自动变速器失速检测	(1)将自动变速器油温升至50~80℃； (2)安装车轮挡块，拉上驻车制动器； (3)保持发动机怠速运转，分别将选挡手柄置于D挡、R挡测试； (4)测试时，左脚踩紧制动踏板，右脚将加速踏板踩到底，迅速读出稳定时发动机的转速值，该转速称为失速转速	□不同发动机、不同的液力变矩器的失速转速是不同的，但一般失速转速为1500~3000r/min
4. 自动变速器油压检测	(1)关闭发动机，将变速器置于"P"挡位置； (2)拆下需要测试油压的接点堵头，再接上油压测试管接头，然后接上油压软管及油压表(量程为0~3MPa)； (3)起动发动机，使变速器处于油压被测状态，检查管接头和油管的连接是否可靠，有无漏油； (4)待变速器的油温达到正常工作温度后，在各种工况下测试并记录油压标定数值，通过比较测量值与标准值的差异，判断系统的工作情况。 注意：始终保持制动器踩下，防止车辆意外移动。如果车辆意外移动，可能导致人身伤害	□正确使用自动变速器油压表 □正确判断自动变速器油压力是否正常

4. 诊断排除万向传动装置故障

诊断排除万向传动装置故障操作方法及说明见表3-25。

诊断排除万向传动装置故障操作方法及说明　　　　　　　　　　　　　　　表 3-25

步　骤	操作方法及说明	质量标准及记录
1. 诊断排除汽车起步时或行驶中改变车速时有撞击声故障	(1) 检查十字轴及滚针轴承是否磨损过度或松旷； (2) 检查传动轴与滑动叉配合花键是否磨损过度或松旷； (3) 检查各紧固螺栓是否松动或滑牙	□十字轴及滚针轴承状况正常 □传动轴与滑动叉配合花键状况正常 □螺栓紧固
2. 诊断排除汽车行驶时有异响故障	(1) 检查中间支承位置有无变形、严重磨损； (2) 检查中间支承橡胶垫有无损坏； (3) 检查万向节装配是否适当	□中间支承状况正常 □万向节装配正确
3. 诊断排除汽车行驶时有异响并伴随车身抖振故障	(1) 检查传动轴是否弯曲变形； (2) 检查传动轴是否不平衡； (3) 检查中间支承部件是否损坏严重	□传动轴状况正常 □中间支承状况正常

5. 诊断排除主减速器和差速器故障

诊断排除主减速器和差速器故障操作方法及说明见表 3-26。

诊断排除主减速器和差速器故障操作方法及说明　　　　　　　　　　　　表 3-26

步　骤	操作方法及说明	质量标准及记录
1. 诊断排除漏油故障	(1) 检查桥壳有无裂纹或损坏； (2) 检查加油口、放油口螺塞是否松动； (3) 检查密封垫、油封是否损坏，通气孔是否堵塞	□桥壳无变形和裂纹 □加油口、放油口螺塞紧固 □密封件密封良好，无渗漏 □通气孔畅通
2. 诊断排除异响故障	(1) 若汽车挂挡行驶、脱挡滑行均有异响： ①检查齿轮油，或油品质是否正常； ②检查主减速器滚动轴承、差速器轴承的预紧度、主减速器锥齿轮啮合间隙及轮齿是否正常。 (2) 若挂挡行驶有异响，滑行声响减弱或消失，检查主减速器锥齿轮齿面的正面是否磨损严重、齿面损伤或啮合面调整不当； (3) 若转弯行驶有异响、直线行驶时声响减弱或消失，检查半轴齿轮或行星齿轮的齿面是否严重磨损、齿面点蚀、轮齿变形或折断、行星齿轴轴是否磨损或半轴是否弯曲； (4) 若汽车起步或突然换车速时发出异响，检查驱动桥内游动角度是否太大	□齿轮油状况正常 □主减速器状况正常 □差速器状况正常

任务评价

传动系统单个故障诊断排除考核评分记录见表3-27。

传动系统单个故障诊断排除考核评分记录表　　　表3-27

类别	序号	项目	考核内容及要求	配分	评分标准（各项配分扣完为止）	得分
专业知识（20分）	1	离合器故障诊断	正确叙述离合器故障现象和原因	5	能回答问题，但回答不完整，按比例扣分；不能回答，扣5分	
	2	手动变速器故障诊断	正确叙述手动变速器故障现象和原因	5	能回答问题，但回答不完整，按比例扣分；不能回答，扣5分	
	3	万向传动装置故障诊断	正确叙述万向传动装置故障现象和原因	5	能回答问题，但回答不完整，按比例扣分；不能回答，扣5分	
	4	主减速器和差速器故障诊断	正确叙述主减速器和差速器故障现象和原因	5	能回答问题，但回答不完整，按比例扣分；不能回答，扣5分	
操作技能（80分）	1	劳保用品穿戴	劳保用品穿戴齐全	5	穿戴不全，不得分	
	2	选用工具、设备、材料	选用工具、设备、材料齐全准确	5	缺一件，扣1分；选错一件，扣1分	
	3	工作准备	准备项目齐全	5	准备不充分一项，扣2.5分	
	4	诊断排除离合器故障	正确诊断排除离合器故障	10	方法错误，扣10分；未完成，扣5分	
		诊断排除手动变速器故障	正确诊断排除手动变速器故障	10	方法错误，扣10分；未完成，扣5分	
		诊断自动变速器技术状况	正确诊断自动变速器技术状况	10	方法错误，扣10分；未完成，扣5分	
		诊断排除万向传动装置故障	正确诊断排除万向传动装置故障	10	方法错误，扣10分；未完成，扣5分	
		诊断排除主减速器和差速器故障	正确诊断排除主减速器和差速器故障	5	方法错误，扣5分；未完成，扣2.5分	
	5	使用工具、设备、材料	工具、设备使用正确	5	工具、设备、材料使用不正确，一种扣2分	
					损坏、丢失任意一件工具，不得分	
	6	操作规程	操作规程执行情况	10	违反操作规程，不得分	
	7	清理现场（5S管理）	清理、擦洗并回收工具和设备	5	少收一件工具、设备，扣1分	
		分数总计		100	最终得分	

考核员签字：_____　　　　　　　　　　　　日期：_____年___月___日

任务6　行驶系统单个故障诊断排除（三级）

▶ 建议学时:2学时

考核要求

一、知识要求

1. 掌握行驶系统异响故障诊断排除技术要求。
2. 掌握行驶跑偏故障诊断排除技术要求。
3. 掌握车轮故障诊断排除技术要求。
4. 掌握悬架装置故障诊断排除技术要求。

二、技能要求

1. 能诊断排除行驶系统异响故障。
2. 能诊断排除行驶跑偏故障。
3. 能诊断排除车轮故障。
4. 能诊断排除悬架装置故障。

任务准备

一、行驶系统异响故障诊断

1. 故障现象

汽车在行驶过程中行驶系统出现异常响声。

2. 故障原因分析

行驶系统异响原因有稳定杆故障、减振器故障和轮胎故障等。

二、行驶跑偏故障诊断

1. 故障现象

汽车在行驶过程中自动向一侧倾斜,驾驶人必须用力握紧转向盘进行校正才能保持直线行驶。

2. 故障原因分析

行驶跑偏的原因有车轮定位参数不正确、车轮故障、悬架系统故障、制动器故障、轮毂轴承故障等。

三、车轮故障诊断

1. 故障现象

车轮故障现象主要表现为轮胎异常磨损。

2. 故障原因分析

前轮异常磨损的原因有定位参数不正确、胎压过高或过低、前悬架故障、转向节内轴承故障等。后轮异常磨损的原因有后轮定位参数不正确、胎压过高或过低、轴承故障和后悬架故障等。

四、悬架装置故障诊断

1. 故障现象

悬架装置故障现象有异响、前轮摆动或跑偏、车身侧倾过大等。

2. 故障原因分析

悬架装置故障原因有车轮定位参数不正确、车轮故障、轮毂轴承故障、减振器故障、弹性元件故障、稳定杆故障、螺栓松动等。

一、实训资源

(1) 实训场地:维修工位 1 个。
(2) 实训车辆:轿车 1 辆或实训台架。
(3) 工具耗材与设备:维修手册(节选) 1 本,工具车 1 辆,零件车 1 辆,常用工具 1 套,个人和车辆防护用品各 1 套。

二、安全注意事项

(1) 拆装作业前,须做好车辆防护,安装相应的垫和套。
(2) 按安全操作规程操作举升机、电动工具和气动工具。
(3) 作业过程中,须做到工量具、设备零部件、油污不落地,按规定处理操作产生的危险废物,做好 5S 管理。

三、操作过程

1. 诊断排除行驶系统异响故障

诊断排除行驶系统异响故障操作方法及说明见表3-28。

诊断排除行驶系统异响故障操作方法及说明　　　　表3-28

步　　骤	操作方法及说明	质量标准及记录
诊断排除行驶系统异响故障	(1) 平衡杆胶套异响:慢速通过减速带的瞬间,听到底盘处传来"滋儿"的干摩擦声,检查平衡杆胶套是否缺油或损坏。 (2) 减振器响:车辆在水泥路面中速行驶时,底盘传来沉闷的"咚咚"声,响声频率跟路面平整性有关,检查减振器是否损坏。 (3) 轮胎夹石异响:车辆在行驶中,听到"哒、哒、哒"的响声,响声的频率随车速加快而加快,开着车窗时响声更加明显,检查车轮胎纹缝隙有无石子等杂物	□平衡杆胶套正常 □减振器工作正常 □车轮无夹石、扎钉

2. 诊断排除行驶跑偏故障

诊断排除行驶跑偏故障操作方法及说明见表3-29。

诊断排除行驶跑偏故障操作方法及说明　　　　　表3-29

步　骤	操作方法及说明	质量标准及记录
诊断排除行驶跑偏故障	(1) 排除路面平整度影响； (2) 检查轮胎的气压、磨损程度、花纹是否一致； (3) 检查前轮定位是否正确； (4) 检查悬架元件是否正常； (5) 检查制动器制动间隙是否正常； (6) 检查轮毂轴承预紧度是否合适	□轮胎状况正常 □前轮定位参数正确 □悬架元件正常 □制动器间隙正常 □轮毂轴预紧度正常

3. 诊断排除车轮故障

诊断排除车轮故障操作方法及说明见表3-30。

诊断排除车轮故障操作方法及说明　　　　　表3-30

步　骤	操作方法及说明	质量标准及记录
1. 诊断排除前轮异常磨损故障	(1) 检查左、右两前轮胎气压是否正常； (2) 检查前悬架元件各连接是否牢固； (3) 检查转向节内轴承有无松动或损坏； (4) 检查前轮定位参数是否正确	□前轮胎压正常 □前悬架元件连接牢固 □转向节内轴承正常 □前轮定位参数正确
2. 诊断排除后轮异常磨损故障	(1) 检查左、右两后轮胎气压是否正常； (2) 检查后轮推力轴承间隙、磨损是否正常； (3) 检查后侧向拉杆、衬套有无变形或损坏； (4) 检查悬架与车体连接部位有无松动	□后轮胎压正常 □后轮推力轴承正常 □后悬架元件正常

4. 诊断排除悬架装置故障

诊断排除悬架装置故障操作方法及说明见表3-31。

项目三 汽车底盘检修

诊断排除悬架装置故障操作方法及说明　　　　　　　　　　　　　表 3-31

步　　骤	操作方法及说明	质量标准及记录
1. 诊断排除悬架异响故障	(1) 检查下摆臂前后橡胶衬套有无磨损、老化； (2) 检查减振器、弹性元件有无失效或弯折，连接是否牢固	□下摆臂前后橡胶衬套正常 □减振器正常 □弹性元件正常
2. 诊断排除悬架前轮摆动或跑偏故障	(1) 轮胎气压是否正常； (2) 检查车轮轮毂轴承是否正常； (3) 检查下摆臂、横拉杆球头销有无磨损或松动； (4) 检查前减振器、转向节、弹性元件是否正常，连接是否牢固； (5) 检查前轮定位参数	□胎压正常 □轮毂轴承正常 □下摆臂、横拉杆球头销正常 □前减振器、转向节、弹性元件正常 □前轮定位参数正确
3. 诊断排除悬架导致车身侧倾过大故障	(1) 检查轮胎气压是否正常； (2) 检查减振器、弹性元件有无损坏或变形； (3) 检查横向稳定杆、横向控制杆、悬架控制臂有无磨损、变形或损坏	□胎压正常 □减振器、弹性元件正常 □横向稳定杆、横向控制杆、悬架控制臂正常

任务评价

行驶系统单个故障诊断排除考核评分记录见表 3-32。

行驶系统单个故障诊断排除考核评分记录表　　　　　　　　　　表 3-32

类别	序号	项　目	考核内容及要求	配分	评分标准（各项配分扣完为止）	得分
专业知识 (20 分)	1	行驶系统异响故障诊断	正确叙述行驶系统异响故障现象与原因	5	能回答问题，但回答不完整，按比例扣分；不能回答，扣 5 分	
	2	行驶跑偏故障诊断	正确叙述行驶跑偏故障现象与原因	5	能回答问题，但回答不完整，按比例扣分；不能回答，扣 5 分	
	3	车轮故障诊断	正确叙述车轮故障现象与原因	5	能回答问题，但回答不完整，按比例扣分；不能回答，扣 5 分	
	4	悬架装置故障诊断	正确叙述悬架装置故障现象与原因	5	能回答问题，但回答不完整，按比例扣分；不能回答，扣 5 分	
操作技能 (80 分)	1	劳保用品穿戴	劳保用品穿戴齐全	5	穿戴不全，不得分	
	2	选用工具、设备、材料	选用工具、设备、材料齐全准确	5	缺一件，扣 1 分；选错一件，扣 1 分	
	3	工作准备	准备项目齐全	5	准备不充分一项，扣 2.5 分	

续上表

类别	序号	项目	考核内容及要求	配分	评分标准(各项配分扣完为止)	得分
操作技能 (80分)	4	诊断排除行驶系统异响故障	正确诊断排除行驶系统异响故障	15	方法错误,扣15分;未完成,扣7.5分	
		诊断排除行驶跑偏故障	正确诊断排除行驶跑偏故障	10	方法错误,扣10分;未完成,扣5分	
		诊断排除车轮故障	正确诊断排除车轮故障	10	方法错误,扣10分;未完成,扣5分	
		诊断排除悬架装置故障	正确诊断排除悬架装置故障	10	方法错误,扣10分;未完成,扣5分	
	5	使用工具、设备、材料	工具、设备使用正确	5	工具、设备、材料使用不正确,一种扣2分	
					损坏、丢失任意一件工具,不得分	
	6	操作规程	操作规程执行情况	10	违反操作规程,不得分	
	7	清理现场 (5S管理)	清理、擦洗并回收工具和设备	5	少收一件工具、设备,扣1分	
		分数总计		100	最终得分	

考核员签字:_____　　　　　　　　　　　日期:_____年___月___日

任务7　转向系统单个故障诊断排除(三级)

▶ 建议学时:2学时

一、知识要求

1. 掌握机械转向系统故障诊断技术要求。
2. 掌握液压助力转向系统故障诊断技术要求。
3. 掌握电动助力转向系统故障诊断技术要求。

二、技能要求

1. 能诊断排除机械转向系统故障。
2. 能诊断排除液压助力转向系统故障。
3. 能诊断排除电动助力转向系统故障。

任务准备

一、机械转向系统故障诊断

1. 故障现象

机械转向系统故障现象主要有转向沉重、转向不灵敏、转向发卡等。

2. 故障原因分析

转向沉重的原因有前轮定位参数不正确、车轮故障、转向系统部件卡滞等,转向不灵敏的原因有转向盘自由行程过大、前轮定位参数不正确、轮毂轴承故障、转向系统间隙过大等。转向发卡的原因有转向器故障、转向操纵机构和转向传动机构卡滞等。

二、液压助力转向系统故障诊断

1. 故障现象

液压助力转向系统故障现象主要有转向沉重、转向盘复位困难、左右转向轻重不同等。

2. 故障原因分析

液压助力转向系统转向沉重和转向盘复位困难的原因有前轮定位参数不正确、车轮故障、转向系统部件卡滞、液压助力装置故障等。左右转向轻重不同的原因有前轮胎压不一致、前轮轴承松紧度不一致、液压系统中存在空气等。

三、电动助力转向系统故障诊断

1. 故障现象

电动助力转向系统故障现象主要有转向沉重、转向盘复位困难和异响等。

2. 故障原因分析

电动助力转向系统转向沉重和转向盘复位困难的原因有前轮定位参数不正确、车轮故障、转向系统部件卡滞、电动助力装置故障等。异响的原因有悬架故障、转向操纵机构故障、电动助力装置故障、转向传动机构故障等。

一、实训资源

(1)实训场地:维修工位1个。
(2)实训车辆:轿车1辆或实训台架。
(3)工具耗材与设备:维修手册(节选)1本,工具车1辆,零件车1辆,常用工具1套,个人和车辆防护用品各1套。

二、安全注意事项

(1)拆装作业前,须做好车辆防护,安装好相应的垫和套。
(2)按安全操作规程操作举升机、电动工具和气动工具。

(3)作业过程中,须做到工量具、设备零部件、油污不落地,按规定处理操作产生的危险废物,做好5S管理。

三、操作过程

1. 诊断排除机械转向系统故障

诊断排除机械转向系统故障操作方法及说明见表3-33。

诊断排除机械转向系统故障操作方法及说明　　表3-33

步　骤	操作方法及说明	质量标准及记录
1.诊断排除转向沉重故障	(1)检查前轮胎压和规格是否正常; (2)检查前轮定位是否正常; (3)检查转向器啮合间隙、轴承轴向间隙是否正常、润滑是否良好; (4)检查转向轴、柱管是否变形、卡滞; (5)检查转向传动机构、拉杆球头销的紧固、润滑是否正常; (6)检查车架、前轮毂轴承预紧度是否正常	□前轮胎压和规格正常 □前轮定位参数正确 □转向器间隙正常,润滑良好 □转向柱正常 □转向传动机构元件正常 □车架、前轮毂轴承预紧度正常
2.诊断排除转向不灵敏、操纵不稳定故障	(1)检查转向盘自由行程是否正常; 自由行程 0~15mm (2)检查汽车前轮前束是否正常; (3)检查前轮毂轴承间隙是否正常; (4)检查转向器啮合间隙、轴承轴向间隙是否正常	□转向盘自由行程正常 □前轮前束值正常 □前轮轮毂轴承间隙正常 □转向器啮合间隙、轴承轴向间隙正常
3.诊断排除转向发卡故障	(1)检查转向传动机构是否卡滞; (2)检查转向柱是否磨损、卡滞; (3)检查转向器内是否有异物或损坏; (4)检查转向器啮合间隙、轴承轴向间隙是否正常	□转向传动机构无卡滞 □转向柱无磨损、卡滞 □转向器内无异物或损坏 □转向器齿轮啮合间隙、轴承轴向间隙正常

2. 诊断排除液压助力转向系统故障

诊断排除液压助力转向系统故障操作方法及说明见表3-34。

诊断排除液压助力转向系统故障操作方法及说明 表3-34

步骤	操作方法及说明	质量标准及记录
1. 诊断排除转向沉重故障	(1) 检查轮胎气压、磨损是否异常； (2) 检查各拉杆球头有无卡滞或不灵活； (3) 检查转向主销和平面轴承润滑是否良好； (4) 检查转向助力泵、管路、转向器是否正常	□轮胎气压、磨损正常 □拉杆球头正常 □转向主销和平面轴承润滑良好 □液压助力装置正常
2. 诊断排除转向盘复位困难故障	(1) 检查前胎气压是否正常； (2) 检查车轮定位是否正常； (3) 检查控制阀、液压阀是否正常	□轮胎气压正常 □车轮定位参数正确 □控制阀、液压阀正常
3. 诊断排除左右转向轻重不同故障	(1) 检查前轮气压和规格是否不一致； (2) 检查前轮轴承松紧度是否正常； (3) 检查油缸和管路是否有空气	□前轮胎压一致 □前轮轴承松紧度正常 □油缸和管路无空气

3. 诊断排除电动助力转向系统故障

以转向沉重故障为例，诊断排除电动助力转向系统故障操作方法及说明见表3-35。

诊断排除电动助力转向系统故障操作方法及说明 表3-35

步骤	操作方法及说明	质量标准及记录
诊断排除转向沉重故障	(1) 检查轮胎气压和规格； (2) 检查转向传动机构外转向横拉杆是否卡滞或磨损； (3) 检查转向轴是否磨损或卡滞； (4) 检查转向器是否磨损或卡滞； (5) 检查电动助力装置是否正常	□轮胎气压和规格正常 □转向传动机构外转向横拉杆正常 □转向轴正常 □转向器正常 □电动助力装置正常

任务评价

转向系统单个故障诊断排除考核评分记录见表3-36。

转向系统单个故障诊断排除考核评分记录表 表3-36

类别	序号	项目	考核内容及要求	配分	评分标准（各项配分扣完为止）	得分
专业知识 (20分)	1	机械转向系统故障诊断	正确叙述机械转向系统故障现象和原因	5	能回答问题，但回答不完整，按比例扣分；不能回答，扣5分	
	2	液压助力转向系统故障诊断	正确叙述液压助力转向系统故障现象和原因	5	能回答问题，但回答不完整，按比例扣分；不能回答，扣5分	
	3	电动助力转向系统故障诊断	正确叙述电动助力转向系统故障现象和原因	10	能回答问题，但回答不完整，按比例扣分；不能回答，扣10分	

续上表

类别	序号	项目	考核内容及要求	配分	评分标准(各项配分扣完为止)	得分
操作技能 (80 分)	1	劳保用品穿戴	劳保用品穿戴齐全	5	穿戴不全,不得分	
	2	选用工具、设备、材料	选用工具、设备、材料齐全准确	5	缺一件,扣 1 分;选错一件,扣 1 分	
	3	工作准备	准备项目齐全	5	准备不充分一项,扣 2.5 分	
	4	诊断排除机械转向系统故障	正确诊断排除机械转向系统故障	10	方法错误,扣 10 分;未完成,扣 5 分	
		诊断排除液压助力转向系统故障	正确诊断排除液压助力转向系统故障	15	方法错误,扣 15 分;未完成,扣 7.5 分	
		诊断排除电动助力转向系统故障	正确诊断排除电动助力转向系统故障	20	方法错误,扣 20 分;未完成,扣 10 分	
	5	使用工具、设备、材料	工具、设备使用正确	5	工具、设备、材料使用不正确,一种扣 2 分	
					损坏、丢失任意一件工具,不得分	
	6	操作规程	操作规程执行情况	10	违反操作规程,不得分	
	7	清理现场(5S 管理)	清理、擦洗并回收工具和设备	5	少收一件工具、设备,扣 1 分	
		分数总计		100	最终得分	

考核员签字:_____ 日期:_____年____月____日

任务8　制动系统单个故障诊断排除(三级)

▶建议学时:2 学时

考核要求

一、知识要求

1. 制动跑偏故障诊断排除技术要求。
2. 制动力不足故障诊断排除技术要求。
3. 制动系统电子控制部分故障诊断排除技术要求。

二、技能要求

1. 能诊断和排除制动跑偏故障。
2. 能诊断和排除制动力不足故障。
3. 能诊断和排除制动系统电子控制部分故障。

一、制动跑偏故障诊断

1. 故障现象

汽车在制动过程中自动向一侧倾斜,驾驶人必须用力握紧转向盘进行校正才能保持直线行驶。

2. 故障原因分析

制动跑偏的原因有制动液压系统故障、制动器故障、悬架系统故障和转向系统故障等。

二、制动力不足故障诊断

1. 故障现象

汽车制动时,制动效果不明显,驾驶人需要用力踩下制动踏板才能进行制动。紧急制动时,制动距离过长。

2. 故障原因分析

制动力不足的原因有制动踏板自由行程或制动器间隙过大、制动液压系统有空气、制动主缸故障、制动轮缸故障、制动管路破裂、油管接头渗漏、油路堵塞等。

三、制动系统电子控制部分故障诊断

1. 故障现象

汽车行驶过程中,制动警告灯和 ABS 警告灯等制动系统警告灯一直点亮。

2. 故障原因分析

制动系统电子控制部分故障原因有电源电压过低、制动液不足、传感器故障、执行器故障、线路故障和电子控制单元(ECU)故障等。

一、实训资源

(1)实训场地:维修工位 1 个。
(2)实训车辆:轿车 1 辆或实训台架。
(3)工具耗材与设备:维修手册(节选)1 本,工具车 1 辆,零件车 1 辆,常用工具 1 套,个人和车辆防护用品各 1 套。

二、安全注意事项

(1)拆装作业前,须做好车辆防护,安装相应的垫和套。
(2)按安全操作规程操作举升机、电动工具和气动工具。
(3)作业过程中,须做到工量具、设备零部件、油污不落地,按规定处理操作产生的危险废物,做好5S管理。

三、操作过程

1. 诊断排除制动跑偏故障

诊断排除制动跑偏故障操作方法及说明见表3-37。

诊断排除制动跑偏故障操作方法及说明　　　　　　　　　表3-37

步　骤	操作方法及说明	质量标准及记录
诊断排除制动跑偏故障	（1）检查制动液压系统状况是否正常； （2）检查车轮制动器状况是否正常； （3）检查悬架系统工作是否正常； （4）检查转向系统工作是否正常	□制动液压系统工作正常 □车轮制动器工作正常 □悬架系统工作正常 □转向系统工作正常

2. 诊断排除制动力不足故障

诊断排除制动力不足故障操作方法及说明见表3-38。

诊断排除制动力不足故障操作方法及说明　　　　　　　　表3-38

步　骤	操作方法及说明	质量标准及记录
诊断排除制动力不足故障	（1）若连续踩下动踏板，踏板逐渐升高且有弹性感觉，但稍停一会后再踩踏板时仍然很低，检查制动液压系统管路是否有空气； （2）若踩下一次制动踏板时制动不灵，但连续踩几次踏板时动效果很好，检查制动踏板自由行程是否过大，制动间隙是否过大； （3）若踩下制动踏板时，不软也不沉，但就是制动效果不良，检查车轮制动器工作情况	□制动液压系统管路无空气 □制动踏板自由行程正常 □制动间隙正常 □制动器状况正常

3. 诊断排除制动系统电子控制部分故障

诊断排除制动系统电子控制部分故障操作方法及说明见表3-39。

诊断排除制动系统电子控制部分故障操作方法及说明　　　表3-39

步　骤	操作方法及说明	质量标准及记录
诊断排除制动系统电子控制部分故障	（1）若打开点火开关后ABS警报灯不亮，或亮后不熄灭，或行驶中点亮，则表明ABS系统存在故障： ①连接故障诊断仪，检查是否存在ABS系统相关故障代码，如有按故障代码进行故障排除； ②检查电池电压； ③检查轮速传感器、线路是否正常； ④检查ABS控制单元是否正常。 （2）若行驶中ABS警报灯和制动系统警报灯同时点亮，表明ABS和常规制动系统均存在故障： ①检查制动液液位；	□无ABS系统相关故障代码 □蓄电池电压正常 □轮速传感器及线路正常 □ABS控制单元正常 □制动液液位正常

续上表

步　骤	操作方法及说明	质量标准及记录
诊断排除制动系统电子控制部分故障	②检查制动液液位开关及线路是否正常； ③检查驻车制动开关及线路是否正常	□制动液液位开关及线路正常 □驻车制动开关及线路正常

任务评价

制动系统单个故障诊断排除考核评分记录见表3-40。

制动系统单个故障诊断排除考核评分记录表　　　　表3-40

类别	序号	项　　目	考核内容及要求	配分	评分标准（各项配分扣完为止）	得分
专业知识 （20分）	1	制动跑偏故障诊断	正确叙述制动跑偏故障现象和原因	5	能回答问题，但回答不完整，按比例扣分；不能回答，扣5分	
	2	制动力不足故障诊断故障诊断	正确叙述制动力不足故障现象和原因	5	能回答问题，但回答不完整，按比例扣分；不能回答，扣5分	
	3	制动系统电子控制部分故障诊断	正确叙述制动系统电子控制部分故障现象和原因	10	能回答问题，但回答不完整，按比例扣分；不能回答，扣5分	
操作技能 （80分）	1	劳保用品穿戴	劳保用品穿戴齐全	5	穿戴不全，不得分	
	2	选用工具、设备、材料	选用工具、设备、材料齐全准确	5	缺一件，扣1分；选错一件，扣1分	
	3	工作准备	准备项目齐全	5	准备不充分一项，扣2.5分	
	4	诊断排除制动跑偏故障	正确诊断排除制动跑偏故障	15	方法错误，扣15分；未完成，扣7.5分	
		诊断排除制动力不足故障	正确诊断排除制动力不足故障	10	方法错误，扣10分；未完成，扣5分	
		诊断排除制动系统电子控制部分故障	正确诊断排除制动系统电子控制部分故障	20	方法错误，扣20分；未完成，扣10分	
	5	使用工具、设备、材料	工具、设备使用正确	5	工具、设备、材料使用不正确，一种扣2分 损坏、丢失任意一件工具，不得分	

续上表

类别	序号	项目	考核内容及要求	配分	评分标准(各项配分扣完为止)	得分
操作技能 (80分)	6	操作规程	操作规程执行情况	10	违反操作规程,不得分	
	7	清理现场 (5S管理)	清理、擦洗并回收工具和设备	5	少收一件工具、设备,扣1分	
分数总计				100	最终得分	

考核员签字:_____ 日期:_____年___月___日

项目四　汽车电器检修

项目描述

汽车电器设备在使用过程中可能出现性能下降或故障,此时维修人员需要对其进行拆检,视情况进行修复或者更换。汽车电器拆装是进行汽车电器设备检修及故障诊断的基础,主要包括:蓄电池、照明、信号装置的拆装;辅助电气系统的拆装;空调系统的拆装。汽车电器维修工(四级、三级)需要掌握的技能主要包括蓄电池检修、起动系统检修、辅助电器系统检修和空调系统检修。

本项目通过对汽车电器拆装、检修以及单个故障诊断排除的流程和方法进行讲解,从而让读者掌握汽车电器检修的专业知识和操作要点。

任务1　蓄电池、照明、信号装置拆装(五级)

▶ 建议学时:2学时

一、知识要求

1. 掌握蓄电池更换技术要求。
2. 掌握照明指示灯泡更换技术要求。
3. 掌握熔断器及继电器更换技术要求。

二、技能要求

1. 能更换蓄电池。
2. 能更换照明指示灯泡。
3. 能更换熔断器及继电器。

任务准备

一、蓄电池、照明、信号装置基础知识

1. 蓄电池

汽车蓄电池一般安装在发动机舱内,如图4-1所示,蓄电池正极与发电机和起动机的正极相连;负极与车身连接,称为搭铁。有些车辆的蓄电池安装在车厢内部或行李舱中。汽车

上使用的蓄电池是一个可逆的低压直流电源。其作用是当车辆发动机起动时,为起动系统、点火系统等相关设备供电。当发电机负荷较大时,协助发电机供电;当发电机不工作时(如发动机熄火、发电机故障),单独为用电设备供电。当发电机正常发电时,系统为蓄电池充电。电路中出现瞬时高压时,蓄电池还能起到电能缓冲器的作用,起到保护电子元件的作用。

2. 照明和灯光信号系统

汽车照明系统分为车外照明和车内照明;车外照明包括远光灯、近光灯和雾灯等;车内照明包括门控灯、阅读灯、杂物箱灯、行李舱灯和仪表灯等。灯光信号包括示宽灯、日间行车灯、超车灯、转向信号灯、危险警告灯、倒车灯和制动灯等,有些车灯兼有照明和信号作用。一般情况下驾驶人操作灯光开关控制灯的工作,装有自动灯光系统的车辆可以根据车外光线情况来自动开启和关闭近光灯。

3. 熔断器和继电器

熔断器和继电器是两种常见的电路控制元件,通常安装在一个盒子内,如图4-2所示。熔断器也称为保险丝,起到保护电路过载的作用。熔断器的外壳用不同的颜色表示,上方标有其额定电流。继电器是利用小电流电路控制大电流电路的装置,小电流电路一般连接开关或控制单元,大电流电路为负载提供电流。汽车继电器通常分为三脚、四脚和五脚继电器等。

 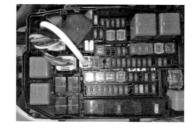

图 4-1 蓄电池及其安装位置　　　图 4-2 熔断器和继电器盒

二、蓄电池、照明、信号装置拆装工具设备知识

1. 蓄电池检测仪

蓄电池检测仪是检测蓄电池性能状况的专用工具,如图4-3所示。通过测量蓄电池端电压和内阻来判断蓄电池电池容量和技术状态,通常测量数据可以数字显示并打印。

2. 数字万用表

数字万用表是汽车电器维修工最常用的量具,可以用来测量车辆电路中的电压、电阻、电流等电气参数。数字万用表通常由液晶显示器、功能按钮、挡位旋钮、表笔插孔和表笔等部分组成,如图4-4所示。

图 4-3 蓄电池检测仪　　　图 4-4 数字万用表

一、实训资源

(1)实训场地:维修工位 1 个。
(2)实训车辆:轿车 1 辆。
(3)工具耗材与设备:维修手册(节选)1 本,工具车 1 辆,常用工具 1 套,车辆护件 1 套,尾气收集装置 1 套,蓄电池检测仪 1 个,数字万用表 1 个,蓄电池、灯泡、熔断器、继电器若干。

二、安全注意事项

(1)更换蓄电池时,避免蓄电池短路,轻拿轻放。
(2)安装照明指示灯泡时,不要徒手触碰灯泡玻璃表面。
(3)更换熔断器、继电器时,避免损坏插脚和座孔。

三、操作过程

1. 更换蓄电池

更换蓄电池操作方法及说明见表 4-1。

更换蓄电池操作方法及说明 表 4-1

步 骤	操作方法及说明	质量标准及记录
1. 工作准备	(1)个人防护:穿工作服、工作鞋; (2)检查所需的实训设备、工具、资料等; (3)车辆防护:安装车轮挡块、安装尾气收集装置、铺设车辆护件、拉紧驻车制动器、确认变速器换挡杆位于 P 挡; (4)关闭所有用电器,关闭点火开关; (5)打开发动机舱盖,清洁蓄电池表面脏污	□个人防护用品穿戴正确 □设备、工具和资料等齐全、完好 □车辆停放可靠,防护件安装正确
2. 检测旧蓄电池性能	(1)连接蓄电池检测仪; (2)检测旧蓄电池,判断其性能状况	□正确使用蓄电池检测仪 □正确判断蓄电池性能状况 蓄电池性能检测

续上表

步骤	操作方法及说明	质量标准及记录
3. 拆卸蓄电池	(1) 拆卸蓄电池负极电缆； (2) 拆卸蓄电池正极电缆； (3) 拆卸蓄电池固定件,小心取出旧蓄电池,并妥善放置	□拆卸顺序正确 □取出方法正确,放置妥当
4. 安装蓄电池	(1) 检查新蓄电池外观,确保型号与原车一致； (2) 检查新蓄电池性能； (3) 将蓄电池放入安装位置,安装蓄电池固定件； (4) 安装正极电缆并紧固； (5) 安装蓄负极电缆并紧固； (6) 完工检查:起动发动机,检查蓄电池充电电压	□蓄电池外观正常,型号正确 □蓄电池性能正常 □安装顺序正确,螺栓紧固正确 □充电电压一般为13.5~14.5V
5. 完工整理	车辆、工具、设备、场地整理和复位	□按5S要求整理

2. 更换前照灯灯泡

以更换前照灯灯泡为例,介绍前照灯灯泡操作方法及说明见表4-2。

更换前照灯灯泡操作方法及说明　　　　表4-2

步骤	操作方法及说明	质量标准及记录
1. 工作准备	(1) 个人防护:穿工作服、工作鞋； (2) 检查所需的实训设备、工具、资料等； (3) 车辆防护:安装车轮挡块、安装尾气收集装置、铺设车辆护件、拉紧驻车制动器、确认变速器换挡杆位于P挡； (4) 关闭所有用电器,关闭点火开关； (5) 打开发动机舱盖	□个人防护用品穿戴正确 □设备、工具和资料等齐全、完好 □车辆停放可靠,防护件安装正确

续上表

步骤	操作方法及说明	质量标准及记录
2.拆卸前照灯灯泡	(1)断开灯泡连接器; 1-前照灯灯泡连接器 (2)拉动橡胶护罩凸耳,取下橡胶护罩; (3)松开灯泡压紧弹簧,取下灯泡。 注意:不要徒手接触灯泡玻璃表面,并小心放置	□拆卸方法正确 □放置妥当
3.安装前照灯灯泡	(1)检查灯泡外观; (2)确认新灯泡与原型号一致; (3)将灯泡凸耳与安装槽孔对准,装入灯泡,注意不要徒手接触灯泡玻璃表面; 1-前照灯灯泡 (4)安装灯泡压紧弹簧; (5)安装灯泡橡胶护罩,向上标记朝上; (6)安装灯泡连接器; (7)完工检查:打开前照灯,检查灯泡工作情况	□新灯泡外观正常,型号正确 □灯泡、压紧弹簧、橡胶护罩、连接器安装正确 □安装后,灯泡工作正常
4.完工整理	车辆、工具、设备、场地整理和复位	□按5S要求整理

3．更换熔断器和继电器

更换熔断器和继电器操作方法及说明见表4-3。

更换熔断器和继电器操作方法及说明　　　　表4-3

步骤	操作方法及说明	质量标准及记录
1.工作准备	(1)个人防护:穿工作服、工作鞋; (2)检查所需的实训设备、工具、资料等; (3)车辆防护:安装车轮挡块、安装尾气收集装置、铺设车辆护件、拉紧驻车制动器、确认变速器换挡杆位于P挡; (4)关闭所有用电器,关闭点火开关; (5)打开发动机舱盖	□个人防护用品穿戴正确 □设备、工具和资料等齐全、完好 □车辆停放可靠,防护件安装正确

续上表

步骤	操作方法及说明	质量标准及记录
2.更换熔断器	(1)打开熔断器和继电器盒盖； (2)找到需要更换的熔断器，用专用夹子取出旧的熔断器； (3)检查新的熔断器外观和规格，与原车一致； (4)确认熔断器输出端与车身搭铁无短路，再安装熔断器； (5)完工检查：确认相关电路正常工作。 注意：不要损坏熔断器插脚和插座	□ 正确拆卸熔断器 □ 正确安装熔断器 □ 更换后，相关电路正常工作
3.更换继电器	(1)找到需要更换的继电器，用专用钳子取出旧的继电器； (2)确认新的继电器与原型号一致； (3)安装新的继电器； 注意：不要损坏继电器的插脚和插座。 (4)安装熔断器和继电器盒盖； (5)完工检查：确认相关电路正常工作	□ 正确拆卸继电器 □ 正确安装继电器 □ 更换后，相关电路正常工作
4.完工整理	车辆、工具、设备、场地整理和复位	□ 按5S要求整理

任务评价

蓄电池、照明、信号装置拆装考核评分记录见表4-4。

蓄电池、照明、信号拆装考核评分记录表   表4-4

类别	序号	项目	考核内容及要求	配分	评分标准（各项配分扣完为止）	得分
专业知识 (20分)	1	蓄电池知识	正确叙述蓄电池的作用	5	能回答问题，但回答不完整，按比例扣分；不能回答，扣5分	
			正确叙述汽车蓄电池的安装位置	5	能回答问题，但回答不完整，按比例扣分；不能回答，扣5分	
	2	照明、信号系统知识	正确叙述汽车照明、信号系统的作用和组成	5	能回答问题，但回答不完整，按比例扣分；不能回答，扣5分	
	3	熔断器和继电器知识	正确叙述熔断器和继电器的作用	5	能回答问题，但回答不完整，按比例扣分；不能回答，扣5分	

项目四　汽车电器检修

续上表

类别	序号	项　　目	考核内容及要求	配分	评分标准(各项配分扣完为止)	得分
操作技能 (80分)	1	劳保用品穿戴	劳保用品穿戴齐全	5	穿戴不全,不得分	
	2	选用工具、设备、材料	选用工具、设备、材料齐全准确	5	缺一件,扣1分;选错一件,扣1分	
	3	工作准备	准备项目齐全	5	准备不充分一项,扣2.5分	
	4	更换蓄电池	正确拆卸和安装蓄电池	25	方法错误,扣25分;未完成,扣12.5分	
		更换照明灯泡	正确拆卸和安装前照灯灯泡	10	方法错误,扣10分;未完成,扣5分	
		更换熔断器和继电器	正确拆卸和安装指定的熔断器和继电器	10	方法错误,扣10分;未完成,扣5分	
	5	使用工具、设备、材料	工具、设备使用正确	5	工具、设备、材料使用不正确,一种扣2分	
					损坏、丢失任意一件工具,不得分	
	6	操作规程	操作规程执行情况	10	违反操作规程,不得分	
	7	清理现场 (5S管理)	清理、擦洗并回收工具和设备	5	少收一件工具、设备,扣1分	
分数总计				100	最终得分	

考核员签字:_____　　　　　　　　　　　日期:_____年___月___日

任务2　辅助电器系统拆装(五级)

▶ 建议学时:2学时

考核要求

一、知识要求

1. 掌握刮水臂、刮水片更换技术要求。
2. 掌握喇叭更换技术要求。

二、技能要求

1. 能更换刮水臂、刮水片和调整喷水位置。
2. 能更换喇叭。

任务准备

1. 刮水器和喷水器

刮水器和喷水器系统是安全行车所必须的装置,用于清洁风窗玻璃上的污垢,保持驾驶人视野清晰,如图 4-5 所示。刮水器系统主要由刮水器开关、刮水电动机、刮水臂、刮水片等组成,喷水系统主要由喷水器开关、喷水器电动机、喷水器管路、喷嘴、喷水器储液罐等组成。自动刮水系统还有雨量传感器、刮水控制装置等。

图 4-5　刮水器和喷水器的安装位置

2. 喇叭

喇叭是安全行车必需的装置,用于提供声音信号或报警。轿车喇叭为电喇叭,通常安装在车辆前方的保险杠附近,如图 4-6 所示。一般由喇叭开关等控制喇叭继电器工作,当按压转向盘上的喇叭开关、锁车门或车辆防盗系统激活时,喇叭均会鸣叫。

图 4-6　喇叭的安装位置

一、实训资源

(1) 实训场地:维修工位 1 个。
(2) 实训车辆:轿车 1 辆。
(3) 工具耗材与设备:维修手册(节选)1 本,工具车 1 辆,常用工具 1 套,车辆护件 1 套,车轮挡块若干,尾气收集系统 1 套,刮水片、喇叭若干。

二、安全注意事项

(1) 起动前,检查确认已安装车轮挡块、拉紧驻车制动器、变速器换挡杆位于 P 挡,确保安全后才能起动车辆。
(2) 车辆起动后,禁止挂入 D 挡、踩加速踏板。
(3) 更换刮水臂和刮水片时,风窗玻璃应作保护,以防刮水臂弹破风窗玻璃。

三、操作过程

1. 更换刮水臂和刮水片

更换刮水臂和刮水片操作方法及说明见表4-5。

更换刮水臂和刮水片操作方法及说明　　　　　　　　　　　表4-5

步　骤	操作方法及说明	质量标准及记录
1. 工作准备	(1)个人防护:穿工作服、工作鞋; (2)检查所需的实训设备、工具、资料等; (3)车辆防护:安装车轮挡块、安装尾气收集装置、铺设车辆护件、拉紧驻车制动器、确认变速器换挡杆位于P挡	□个人防护用品穿戴正确 □设备、工具和资料等齐全、完好 □车辆停放可靠,防护件安装正确
2. 更换刮水臂	(1)拆卸刮水臂。 ①确认刮水臂位于初始位置; ②使用缠胶带的一字螺丝刀拆卸刮水臂装饰盖; ③拆卸刮水臂固定螺母; ④拔出刮水臂。 注意:如过紧不能拔出,应使用专用工具。 1-装饰盖;2-螺母;3-刮水臂 (2)安装刮水臂。 ①将刮水臂装入驱动枢轴上,注意对准花键,确认位置正确; ②紧固刮水臂螺母; ③安装刮水臂饰盖; ④完工检查:起动发动机,检查刮水器工作情况	□正确拆卸刮水臂 □正确安装刮水臂,紧固,位置正确 □更换后,刮水器工作正常
3. 调整喷水位置	(1)找到喷嘴位置,用专用工具调整喷水位置; (2)完工检查:检查喷水器工作情况	□正确调整喷水位置 □调整后,喷水位置正常

续上表

步骤	操作方法及说明	质量标准及记录
4.更换刮水片	(1)拆卸刮水片。 ①向上提起刮水臂； ②小心解开刮水臂和刮水片连接处的固定卡夹，取出刮水片。 注意：保护风窗玻璃，在刮水臂末端缠布块，在风窗玻璃处放置布块，不要放下刮水臂。 (2)安装刮水片。 ①检查刮水片外观； ②安装刮水片，确认正确锁止； ③小心放下刮水臂； ④完工检查：起动发动机，检查刮水器工作情况	□正确拆卸刮水片 □正确安装刮水片 □更换后，刮水片工作正常
5.完工整理	车辆、工具、设备、场地整理和复位	□按5S要求整理

2. 更换喇叭

更换喇叭操作方法及说明见表4-6。

更换喇叭操作方法及说明　　　　　　　　　　　　　表4-6

步骤	操作方法及说明	质量标准及记录
1.更换喇叭	(1)拆卸喇叭。 ①拆卸前保险杠蒙皮(如有必要)； ②断开喇叭线束接头； ③拆卸喇叭固定螺母； 1-固定螺母；2-喇叭 ④取出喇叭。 (2)安装喇叭。 ①检查喇叭外观和型号； ②安装喇叭，紧固螺母； ③连接线束接头，检查喇叭工作情况； ④安装前保险杠蒙皮	□正确拆卸喇叭 更换喇叭 □正确安装喇叭，按规定力矩紧固螺母 □更换后，喇叭工作正常
2.完工整理	车辆、工具、设备、场地整理和复位	□按5S要求整理

辅助电器系统拆装考核评分记录见表4-7。

辅助电器系统拆装考核评分记录表　　　　　　表4-7

类别	序号	项目	考核内容及要求	配分	评分标准(各项配分扣完为止)	得分
专业知识 （20分）	1	刮水器、喷水器知识	正确叙述刮水系统的组成	10	能回答问题，但回答不完整，按比例扣分；不能回答，扣10分	
			正确叙述喷水系统的组成	5	能回答问题，但回答不完整，按比例扣分；不能回答，扣5分	
	2	喇叭知识	正确叙述喇叭系统的组成	5	能回答问题，但回答不完整，按比例扣分；不能回答，扣5分	
操作技能 （80分）	1	劳保用品穿戴	劳保用品穿戴齐全	5	穿戴不全，不得分	
	2	选用工具、设备、材料	选用工具、设备、材料齐全准确	5	缺一件，扣1分；选错一件，扣1分	
	3	工作准备	准备工作齐全	5	准备不充分一项，扣2.5分	
	4	更换刮水臂	正确拆卸和安装刮水臂	15	方法错误，扣15分；未完成，扣7.5分	
		更换刮水片	正确拆卸和安装刮水片	10	方法错误，扣10分；未完成，扣5分	
		调整喷水位置	正确调整喷水位置	10	方法错误，扣10分；未完成，扣5分	
		更换喇叭	正确拆卸和安装喇叭	10	方法错误，扣10分；未完成，扣5分	
	5	使用工具、设备、材料	工具、设备使用正确	5	工具、设备、材料使用不正确，一种扣2分	
					损坏、丢失任意一件工具，不得分	
	6	操作规程	操作规程执行情况	10	违反操作规程，不得分	
	7	清理现场（5S管理）	清理、擦洗并回收工具和设备	5	少收一件工具、设备，扣1分	
		分数总计		100	最终得分	

考核员签字：_____　　　　　　　　　　　日期：_____年___月___日

任务3　空调系统拆装（五级）

▶建议学时：2学时

一、知识要求

1．掌握冷凝器清洁方法和技术要求。
2．掌握空调滤清器更换方法和技术要求。

二、技能要求

1. 能清洁冷凝器。
2. 能更换空调滤清器。

任务准备

1. 冷凝器

轿车的冷凝器一般装在车辆前围板进气格栅的后面,如图4-7所示。冷凝器中的制冷剂可以与外部空气进行热交换,将压缩机输出的高温高压的气态制冷剂转变为中温高压的液态制冷剂输出,进入储液干燥过滤器。

2. 空调滤清器

如图4-8所示,空调滤清器一般安装在副驾驶侧鼓风机入风口处,用于过滤空气中的粉尘和其他杂质,净化进入车厢的再循环空气和新鲜空气。

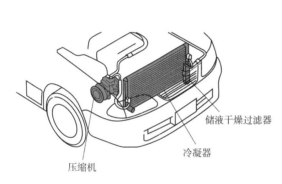 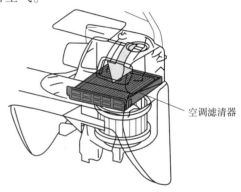

图4-7 冷凝器的安装位置　　　　　图4-8 空调滤清器的安装位置

任务实施

一、实训资源

(1)实训场地:维修工位1个。
(2)实训车辆:轿车1辆(前围板已拆下)。
(3)工具耗材与设备:护目镜1副,手套1双,吹尘枪1个,高压水枪1支,汽车机修组合工具1套,冷凝器清洗剂1支,空调滤清器1个。

二、安全注意事项

(1)操作人员应穿戴工作服和工作鞋,必要时佩戴的护目镜、耳塞和口罩。
(2)使用压缩空气和高压水枪时,不要将工具对着人体部位。

三、操作过程

1. 清洗冷凝器

清洗冷凝器操作方法及说明见表4-8。

清洗冷凝器操作方法及说明　　　　　　　　　　　　　　　　　　　　　　　　表 4-8

步　骤	操作方法及说明	质量标准及记录
1. 用吹尘枪清洗冷凝器	(1) 操作前,预先拆卸车辆前围板; (2) 连接压缩空气,使用吹尘枪从上至下清理冷凝器表面的灰尘、花絮、羽毛等杂质。 冷凝器 注意:使用吹尘枪时,戴上护目镜,不要将工具对着人体部位	□正确使用压缩空气 □冷凝器表面无明显灰尘、花絮、羽毛等杂质
2. 用高压水枪清洗冷凝器	(1) 使用冷凝器清洗剂从上至下均匀喷射冷凝器散热片; (2) 使用高压水枪在前方大约 2m 的距离从上至下清洗冷凝器; 高压水枪 注意:使用高压水枪时,戴上护目镜,不要将工具对着人体部位。不要离冷凝器太近,避免损坏散热片。 (3) 完工检查:打开空调,检查制冷系统工作情况	□正确使用冷凝器清洁剂和高压水枪 □冷凝器表面洁净,散热片无弯曲或破损 □空调制冷系统工作正常
3. 完工整理	车辆、工具、设备、场地整理和复位	□按 5S 要求整理

2. 更换空调滤清器

更换空调滤清器操作方法及说明见表 4-9。

更换空调滤清器操作方法及说明　　　　　　　　　　　　　　　　　　　　　　　表 4-9

步　骤	操作方法及说明	质量标准及记录
1. 更换空调滤清器	(1) 拆卸空调滤清器。 ①打开右前门,进入副驾驶位置,将座椅位置调整至最后; ②打开杂物箱盖,取下缓冲器卡扣,拆下杂物箱; ③打开空调滤清器盖,取出旧的空调滤清器。 注意:不要使用蛮力,避免损坏塑料件。	□正确拆卸杂物箱缓冲器和杂物箱 □正确取出旧的空调滤清器

续上表

步骤	操作方法及说明	质量标准及记录
1.更换空调滤清器	(2)安装空调滤清器。 ①检查新的空调滤清器外观和型号； ②放入新的空调滤清器,关闭空调滤清器盖； 注意：按照箭头方向安装空调滤清器。  ③安装杂物箱缓冲器和杂物箱； ④调整副驾驶座椅位置,关闭车门； ⑤完工检查：检查杂物箱开关情况,检查空调送风系统工作情况	□空调滤清器外观正常、型号正确 □安装方向正确,无损坏 更换空调滤清器 □杂物箱开关正常 □送风系统工作正常
2.完工整理	车辆、工具、设备、场地整理和复位	□按5S要求整理

任务评价

空调系统拆装学习考核评分记录见表4-10。

空调系统拆装考核评分记录表　　　　表4-10

类别	序号	项目	考核内容及要求	配分	评分标准(各项配分扣完为止)	得分
专业知识 (20分)	1	冷凝器知识	正确描述冷凝器的安装位置和作用	5	能回答问题,但回答不完整,按比例扣分;不能回答,扣5分	
			正确描述清洁冷凝器的意义	5	能回答问题,但回答不完整,按比例扣分;不能回答,扣5分	
	2	空调滤清器知识	正确描述空调滤清器的安装位置和作用	5	能回答问题,但回答不完整,按比例扣分;不能回答,扣5分	
			正确描述更换空调滤清器的意义	5	能回答问题,但回答不完整,按比例扣分;不能回答,扣5分	
操作技能 (80分)	1	劳动用品穿戴	劳保用品穿戴齐全	5	穿戴不全,不得分	
	2	正确选用工具、设备、材料	选用工具、设备、材料齐全准确	5	缺一件,扣1分；选错一件,扣1分	
	3	工作准备	准备工作齐全	5	准备不充分一项,扣2.5分	
	4	正确清洁冷凝器	正确使用吹尘枪清洁冷凝器	10	方法错误,扣10分；未完成,扣5分	
			正确使用高压水枪清洁冷凝器	10	方法错误,扣10分；未完成,扣5分	
		正确更换空调滤清器	正确拆卸空调滤清器	10	方法错误,扣10分；未完成,扣5分	
			正确安装空调滤清器	10	方法错误,扣10分；未完成,扣5分	

续上表

类别	序号	项目	考核内容及要求	配分	评分标准(各项配分扣完为止)	得分
操作技能 (80分)	5	正确使用工具、设备、材料	工具、设备使用正确	10	工具、设备、材料使用不正确,一种扣2分	
					损坏、丢失任意一件工具,不得分	
	6	操作规程	操作规程执行情况	10	违反操作规程,不得分	
	7	清理现场 (5S管理)	清理、擦洗并回收工具和设备	5	少收一件工具、设备,扣1分	
		分数总计		100	最终得分	

考核员签字:＿＿＿＿＿＿＿＿＿＿　　　　　　日期:＿＿＿＿年＿＿月＿＿日

任务4　蓄电池检修(四级)

▶ 建议学时:2学时

考核要求

一、知识要求

1. 掌握蓄电池结构与工作原理。
2. 掌握蓄电池技术状况检查方法。
3. 掌握蓄电池充电方法及注意事项。

二、技能要求

1. 能检测蓄电池技术状况。
2. 能对蓄电池进行充电。

任务准备

一、蓄电池基础知识

1. 蓄电池的结构

汽车蓄电池可分为普通蓄电池和免维护蓄电池两大类,如图4-9所示。普通蓄电池有可以打开的密封塞,需要定期检查并添加补充液。免维护蓄电池为全封闭机构,又可以分为湿式免维护蓄电池和干式免维护蓄电池。

a) 普通蓄电池　　　　　　b) 免维护蓄电池

图4-9　汽车蓄电池的类型

蓄电池为不能拆分的整体式结构,主要由单格电池、联条、外壳、盖板以及极柱等组成,如图4-10所示。

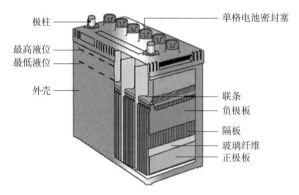

图4-10 普通铅酸蓄电池的结构

2.蓄电池的工作原理

(1)放电过程。正负极板活性物质被消耗,正极板上的二氧化铅和负极板上的铅都转变为硫酸铅,蓄电池向负载提供工作电流。随着放电的进行,硫酸逐渐被消耗,同时生成水,电解液密度降低。

(2)充电过程。正负极板活性物质恢复,正极板上的硫酸铅转变为二氧化铅,负极板上的硫酸铅转变为铅,通过发电机或充电机为蓄电池充电。随着充电的进行,水逐渐被消耗,同时生成硫酸,电解液密度增大。

二、蓄电池检修工具设备知识

1.折射计

折射计的作用是测量蓄电池电解液密度、冷却液和玻璃清洗液的凝固点温度,如图4-11所示。测量电解液密度时,通过电解液密度反映蓄电池的充电状态。使用折射计前,需要先进行校准。

2.充电机

充电机是为蓄电池充电的专用设备,有轮式充电机和便携式充电机等多种类型,图4-12所示为便携式充电机。除了充电功能之外,一些充电机还具有电池状态检查、辅助起动、电池修复等功能。使用充电机进行操作时,需要遵从厂家推荐的操作步骤,避免出现短路等情况。

图4-11 折射计　　图4-12 便携式充电机

一、实训资源

（1）实训场地：维修工位 1 个。
（2）实训车辆：轿车 1 辆或汽车蓄电池 1 个。
（3）工具耗材与设备：工具车 1 辆，折射计 1 个，数字万用表 1 个，蓄电池检测仪 1 个，充电机 1 台，个人防护用品 1 套。

二、安全注意事项

（1）电解液具有腐蚀性，操作时需戴上手套和护目镜。
（2）如果电解液沾到皮肤或进入眼睛，立即用大量清水冲洗。
（3）按规定流程进行充电，以预防触电和短路起火。

三、操作过程

1. 检测蓄电池技术状况

检测蓄电池技术状况操作方法及说明见表 4-11。

检测蓄电池技术状况操作方法及说明　　　　　表 4-11

步　骤	操作方法及说明	质量标准及记录
1.工作准备	（1）个人防护：穿工作服、工作鞋、戴手套和护目镜； 护目镜 （2）检查所需的实训设备、工具、资料等	□个人防护用品穿戴正确 □设备、工具和资料等齐全、完好
2.检查蓄电池外观	（1）检查蓄电池壳体有无破损、泄漏； （2）检查极柱有无磨损、腐蚀和泄漏； （3）检查"电眼"颜色，判断蓄电池电量状况	□蓄电池外观正常
3.检测电解液密度（普通蓄电池）	（1）清洁、校准折射计； （2）打开蓄电池单格盖； （3）吸取少量电解液，涂于折射计前方盖板下方； （4）读取检测结果，判断蓄电池充电状态。	□满电时，电解液相对密度为 1.28

续上表

步骤	操作方法及说明	质量标准及记录
3.检测电解液密度(普通蓄电池)	注意:电解液密度测量值应进行温度修正。当温度每升高(降低)1℃时,电解液的密度读数值应加上(减去)$0.0007g/cm^3$	检测电解液密度
4.检测蓄电池静态电压	(1)等待至少2h,用外用表测量蓄电池正负极柱之间的电压; (2)判断蓄电池充电状态	□满电时,蓄电池静态电压为12.7V
5.检测蓄电池性能状况	(1)清洁蓄电池极柱; 注意:若在车上测试,应先关闭车辆负载,关闭点火开关,拔出点火钥匙。 (2)连接测试仪; (3)选择功能,开始测试; (4)读取结果,判断蓄电池性能状况	□正确使用蓄电池检测仪 □正确判断蓄电池性能状况
6.完工整理	车辆、工具、设备、场地整理和复位	□按5S要求整理

2.蓄电池充电

蓄电池充电操作方法及说明见表4-12。

蓄电池充电操作方法及说明 表4-12

步骤	操作方法及说明	质量标准及记录
1.充电前准备	(1)个人防护:穿工作服、工作鞋; (2)充电前,检查充电机和蓄电池状况。关闭充电机电源开关,将充电电压调节开关置于OFF挡;	□个人防护用品穿戴正确 □充电机状况良好

续上表

步骤	操作方法及说明	质量标准及记录
1. 充电前准备	(3)确保充电场所通风	□蓄电池状况良好 □场所通风良好
2. 蓄电池充电	(1)连接充电线:红色线接蓄电池正极,黑色线接蓄电池负极; (2)连接交流220V电源插座,检查线路连接情况; (3)打开充电机电源,将充电电压调节开关置于合适挡位,观察充电电流,一般充电电流不超过15A为宜; (4)充电过程中应观察蓄电池状况,若蓄电池过热应及时中断充电程序;	□正确使用充电机 □正确选择充电电压和电流
	(5)充电完成后,先拔下220V电源插头,关闭充电机电源,将充电机电压调节开关置于OFF挡,并断开充电线	□满电时,电解液相对密度为1.25~1.28,蓄电池端电压为12.5~12.9V
3. 完工整理	车辆、工具、设备、场地整理和复位	□按5S要求整理

任务评价

蓄电池检修考核评分记录见表4-13。

蓄电池检修考核评分记录表　　表4-13

类别	序号	项目	考核内容及要求	配分	评分标准(各项配分扣完为止)	得分
专业知识 (20分)	1	蓄电池的结构	正确叙述蓄电池的类型	5	能回答问题,但回答不完整,按比例扣分;不能回答,扣5分	
			正确叙述汽车蓄电池的结构	5	能回答问题,但回答不完整,按比例扣分;不能回答,扣5分	
	2	蓄电池的工作原理	正确叙述蓄电池的工作原理	10	能回答问题,但回答不完整,按比例扣分;不能回答,扣10分	

续上表

类别	序号	项目	考核内容及要求	配分	评分标准(各项配分扣完为止)	得分
操作技能 (80分)	1	劳保用品穿戴	劳保用品穿戴齐全	5	穿戴不全,不得分	
	2	选用工具、设备、材料	选用工具、设备、材料齐全准确	5	缺一件,扣1分;选错一件,扣1分	
	3	工作准备	准备项目齐全	5	准备不充分一项,扣2.5分	
	4	检查蓄电池外观	正确检测蓄电池外观	10	方法错误,扣10分;未完成,扣5分	
		检测蓄电池静态电压	正确检测和判断蓄电池静态电压	10	方法错误,扣10分;未完成,扣5分	
		检测蓄电池性能状态	正确检测和判断蓄电池性能状态	10	方法错误,扣10分;未完成,扣5分	
		蓄电池充电	正确为蓄电池充电	15	方法错误,扣15分;未完成,扣7.5分	
	5	使用工具、设备、材料	工具、设备使用正确	5	工具、设备、材料使用不正确,一种扣2分	
					损坏、丢失任意一件工具,不得分	
	6	操作规程	操作规程执行情况	10	违反操作规程,不得分	
	7	清理现场(5S管理)	清理、擦洗并回收工具和设备	5	少收一件工具、设备,扣1分	
		分数总计		100	最终得分	

考核员签字:_____   日期:_____年___月___日

任务5 起动系统检修(四级)

▶ 建议学时:4学时

考核要求

一、知识要求

1.起动系统组成与工作原理。
2.起动机检查方法。
3.起动系统电路相关知识。

二、技能要求

1.能检测起动机技术状况。
2.能检修起动机总成。

3.能检修起动机控制线路。

任务准备

一、起动系统基础知识

1.起动系统组成与工作原理

起动系统的作用是完成发动机从静止到正常运转。如图4-13所示,起动系统主要由点火开关、飞轮齿圈、起动机、蓄电池等组成。

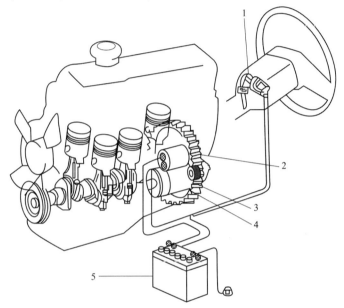

图4-13 起动系统的基本组成
1-点火开关;2-飞轮齿圈;3-驱动小齿轮;4-起动机总成;5-蓄电池

驾驶人操作点火开关,控制起动系统电路工作,蓄电池向起动机供电,起动机工作后,通过驱动小齿轮带动发动机飞轮齿圈转动,进而带动发动机曲轴转动,将发动机起动。

2.起动系统电路

起动系统电路主要由点火开关、空挡开关(或P/N挡开关)、起动继电器、起动机端子50、起动机端子30(常电)、直流电动机、蓄电池和熔断器等组成,如图4-14所示。

点火开关位于起动挡(ST)时,起动继电器线圈通电,蓄电池为起动机端子50供电,电磁开关工作,控制直流电动机和驱动小齿轮运转,驱动动曲轴转动最终将发动机起动。

二、汽车电路识图基础知识

读懂电路原理图是汽车电器维修工应该掌握的基本能力,下面简单介绍汽车电路图中涉及的电器符号、线束颜色、插座和插头编排知识。

1.电路符号

电路符号是构成汽车电路原理图基本元素,表示电路连接情况和元件工作状态等。不同厂家电路符号不尽相同,以丰田汽车电路为例,常见的电路符号见表4-14。

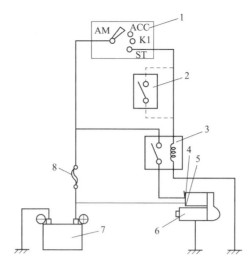

图 4-14 起动系统电路原理图

1-点火开关;2-空挡开关(或 P/N 挡开关);3-起动继电器;4-起动机端子 50;5-起动机端子 30(常电);6-直流电动机;7-蓄电池;8-熔断器

常见电路符号　　　　　　　　　　　　　　　表 4-14

符号	含义	符号	含义	符号	含义	符号	含义
	熔断器		热变电阻		二极管		三极管
	断路器		点火开关		继电器		手动开关
	电阻		电动机		配线		双投掷开关
	稳压二极管		小灯		搭铁		电磁阀
	发光二极管		点火线圈		无级可变电阻		电容

2. 线束颜色

比对电路原理图与实际车辆的线束颜色,可以快速找出线束具体位置,提高维修效率。通常单色线束颜色与代码的对应关系为:B——黑色、G——绿色、Gr——灰色、R——红色、Br——棕色、Y——黄色、L——蓝色、O——橙色、V——紫色、W——白色;双色线束代码前一位为主色代码,后一位为辅色代码,例如 R/W 表示主线束颜色是红色,辅色为白色。

3. 插头与插座

电路图中,插头和插座的针脚编排规则是不一样的,其中插座的编号顺序为从左到右、插头的编号顺序从左到右,如图 4-15 所示。

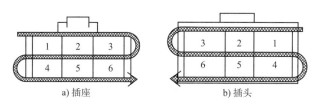

图 4-15　插座与插头针脚编号规则

三、起动系统检修工具设备知识

1. 游标卡尺

游标卡尺是一种测量长度、内径、外径和深度的量具,由主尺和游标尺组成,如图 4-16 所示。当游标尺刻度为 50 格时,其精确度为 0.02mm。使用游标卡尺前,需要进行校准。

2. 百分表

百分表是一种通用长度测量工具,可精确测量零件间隙、圆跳动等,由测头、量杆、表盘、大小指针及内部传动机构等组成,如图 4-17 所示。百分表的精确度为 0.01mm。百分表一般与磁力表座配合使用,测量时需要根据测量对象情况保留一定的预压量。

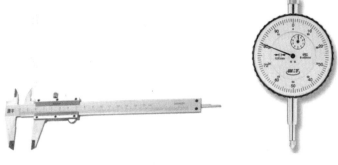

图 4-16　游标卡尺　　　　图 4-17　百分表

一、实训资源

(1)实训场地:维修工位 1 个。
(2)实训车辆:轿车 1 辆或实训台架。
(3)工具耗材与设备:维修手册(节选)1 本,举升机 1 台,工作台 1 个,常用工具 1 套,车辆护件 1 套,数字万用表 1 个,游标卡尺 1 支,蓄电池 1 台,起动机总成 1 个,起动机零部件若干,手套 1 双,测试线若干,砂纸若干。

二、安全注意事项

(1)规范使用举升机,使用前检查举升机技术状况,确保举升机正常工作。
(2)进行电路相关的检测时,防止出现短路。
(3)进行起动机测试时,需要将起动机应固定牢靠,使用大电流电缆,测试时间不超过 3s。

(4)正确使用工量具,零部件合理分类摆放在工作台上,做好过程中5S管理。

三、操作过程

1. 检测起动机技术状况

检测起动机技术状况操作方法及说明见表4-15。

检测起动机技术状况操作方法及说明　　　　　　表4-15

步　骤	操作方法及说明	质量标准及记录
1.作业前准备	(1)个人防护:穿工作服、工作鞋; (2)检查准备维修资料、设备和工具是否齐全、完好	□个人防护正确 □维修资料、工量具和设备齐全有效
2.起动机牵引测试	(1)将起动机50端子与蓄电池正极相连; (2)将起动机壳体与蓄电池负极相连; (3)用一条电缆连接蓄电池负极和起动机C端子; 起动机牵引测试 (4)观察起动机驱动小齿轮运动情况	□接通时起动机驱动小齿轮应能伸出
3.起动机保持测试	(1)在牵引测试的基础上,将起动机C端子与蓄电池负极断开; 起动机保持测试 (2)观察起动机驱动小齿轮运动情况	□驱动小齿轮应能保持伸出状态

续上表

步骤	操作方法及说明	质量标准及记录
4.起动机小齿轮退回测试	(1)在保持测试的基础上,将起动机壳体与蓄电池负极断开; (2)观察起动机驱动小齿轮运动情况	□断开控制电路时起动机驱动小齿轮能迅速退回
5.起动机无负荷测试	(1)将起动机端子30与蓄电池正极相连; (2)将起动机壳体与蓄电池负极相连; 注意:以上步骤需要采用线径大的、大电流电缆。 (3)用一条电缆将起动机端子30与端子50相连; (4)观察起动机运转状况。 注意:起动机应固定牢靠,测试时间不超过3s	□起动机运转正常
6.完工整理	车辆、工具、设备、场地整理和复位	□按5S要求整理

2.检修起动机总成

检修起动机总成操作方法及说明见表4-16。

检修起动机总成操作方法及说明　　　　　表4-16

步骤	操作方法及说明	质量标准及记录
1.作业前准备	(1)个人防护:穿工作服、工作鞋; (2)检查准备维修资料、设备和工具是否齐全、完好	□个人防护正确 □维修资料、工量具和设备齐全有效

续上表

步　骤	操作方法及说明	质量标准及记录
2. 检修电磁开关	(1) 检测电磁开关主触点，压入活动铁芯并保持住，检测电磁开关30端子与C端子电阻； (2) 检测电磁开关牵引线圈(50端子与C端子)电阻； 端子C 端子50 (3) 检测保持线圈(50端子与电磁开关壳体)电阻 端子50	□ 保持按压活动铁芯，30端子与C端子电阻小于1Ω □ 牵引线圈(50端子与C端子)电阻为小于1Ω □ 保持线圈(50端子与电磁开关壳体)电阻小于2Ω
3. 检修电枢总成(转子)	(1) 检查电枢线圈和换向器脏污程度和磨损情况； (2) 检查电枢绕组圆跳动和换向器外径； (3) 检测电枢绕组与铁芯之间的绝缘性； 电枢 换向器 (4) 检测电枢绕组导通性，测量换向片与换向片之间是否导通 换向器	□ 电枢线圈应无脏污、烧蚀，电枢线圈绝缘层无脱落损坏 □ 电枢圆跳动最大不超过0.05mm，换向器外径最小值为28mm □ 电枢绕组与铁芯电阻大于$10k\Omega$ □ 换向片与换向片之间电阻小于1Ω

续上表

步　骤	操作方法及说明	质量标准及记录
4.检修定子总成	(1)检测励磁绕组与绕组之间导通性； (2)检测励磁绕组与壳体之间绝缘性； (3)检查电刷：测量电刷长度、检查正电刷与电刷底座之间绝缘性、检查负电刷与电刷底座之间导通性、目视检查电刷弹簧变形和电刷接线牢固情况	□励磁绕组与绕组之间电阻小于1Ω □励磁绕组与壳体之间电阻大于10kΩ □电刷长度最小值9mm，正电刷与电刷底座之间电阻大于10kΩ，负极电刷与电刷底座之间电阻小于1Ω
5.检查单向离合器	顺时针、逆时针转动驱动齿轮，检查其锁止情况 松开 锁止	□顺时针转动齿轮，能自由转动，逆时针转动，齿轮应锁止
6.完工整理	车辆、工具、设备、场地整理和复位	□按5S要求整理

3.检修起动机控制线路

检修起动机控制线路操作方法及说明见表4-17。

检修起动机控制线路操作方法及说明　　　　　表4-17

步　骤	操作方法及说明	质量标准及记录
1.工作准备	(1)个人防护：穿工作服、工作鞋； (2)检查所需的实训设备、工具、资料等； (3)车辆防护：铺设车辆护件、拉紧驻车制动器、确认变速器换挡杆位于P挡	□个人防护用品穿戴正确 □设备、工具和资料等齐全、完好 □车辆停放可靠，防护件安装正确

续上表

步　骤	操作方法及说明	质量标准及记录
2.检测蓄电池端电压	(1)将点火开关置起动挡(ST)； (2)测量蓄电池端电压	□蓄电池端电压大于9.6V
3.检测端子30电压	(1)将点火开关置起动挡(ST)； (2)测量端子30电压	□端子30电压大于8V
4.检测端子50电压	(1)将点火开关置起动挡(ST)； (2)测量端子50电压	□端子50电压大于8V
5.完工整理	车辆、工具、设备、场地整理和复位	□按5S要求整理

任务评价

起动系统检修考核评分记录见表4-18。

起动系统检修考核评分记录表   表 4-18

类别	序号	项目	考核内容及要求	配分	评分标准(各项配分扣完为止)	得分
专业知识 (20 分)	1	起动系统的组成	正确叙述起动系统的组成	5	能回答问题,但回答不完整,按比例扣分;不能回答,扣 5 分	
	2	起动系统的工作过程	正确叙述起动系统的工作过程	5	能回答问题,但回答不完整,按比例扣分;不能回答,扣 5 分	
	3	起动系统电路知识	正确叙述起动系统电路工作原理	5	能回答问题,但回答不完整,按比例扣分;不能回答,扣 5 分	
	4	汽车电路图知识	正确叙述常见汽车电路符号、线束颜色等知识	5	能回答问题,但回答不完整,按比例扣分;不能回答,扣 5 分	
操作技能 (80 分)	1	劳保用品穿戴	劳保用品穿戴齐全	5	穿戴不全,不得分	
	2	选用工具、设备、材料	选用工具、设备、材料齐全准确	5	缺一件,扣 1 分;选错一件,扣 1 分	
	3	工作准备	准备项目齐全	5	准备不充分一项,扣 2.5 分	
	4	检测起动机技术状况	正确检测起动机技术状况	10	方法错误,扣 10 分;未完成,扣 7.5 分	
		检修起动机总成	正确检修起动机总成	20	方法错误,扣 20 分;未完成,扣 10 分	
		检修起动机控制线路	正确检修起动机控制线路	15	方法错误,扣 15 分;未完成,扣 15 分	
	5	使用工具、设备、材料	工具、设备使用正确	5	工具、设备、材料使用不正确,一种扣 2 分	
					损坏、丢失任意一件工具,不得分	
	6	操作规程	操作规程执行情况	10	违反操作规程,不得分	
	7	清理现场(5S 管理)	清理、擦洗并回收工具和设备	5	少收一件工具、设备,扣 1 分	
		分数总计		100	最终得分	

考核员签字:_____   日期:_____年___月___日

任务 6 充电系统检修(四级)

▶ 建议学时:4 学时

考核要求

一、知识要求

1. 掌握充电系统组成与工作原理。

2. 掌握发电机检查方法。
3. 掌握充电系统电路相关知识。

二、技能要求

1. 能检测发电机技术状况。
2. 能检修发电机。
3. 能检修充电系统线路。

任务准备

一、充电系统基础知识

1. 充电系统组成与工作原理

蓄电池在车辆起动时提供大电流,确保发动机正常起动;发动机起动后,充电系统为车辆电器设备提供电源,并适时为蓄电池进行充电。如图4-18所示,充电系统主要由发电机、蓄电池、充电指示灯、点火开关、供电线束等组成。

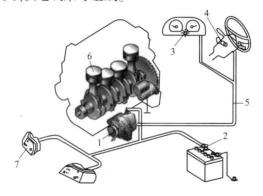

图4-18 充电系统组成
1-发电机;2-蓄电池;3-充电指示灯;4-点火开关;5-供电线束;6-发动机;7-负载设备

发动机输出的机械能,通过传动带驱动发电机转子旋转,切割定子绕组进而磁通量发生变化,产生交流感应电动势,再通过整流器将交流电转化成直流电,为用电器供电,同时为蓄电池进行充电,储存电能。

2. 充电系统电路

充电系统电路主要由蓄电池、熔断丝、点火开关、充电指示灯、IC电压调节器、交流发电机、导线等组成,如图4-19所示。

打开点火开关,当发动机没有工作,发电机不发电,车辆仪表板上充电指示灯会点亮;当发动机正常工作后,发动机传动带动发电机工作,发电机对外输出电能,充电指示灯熄火。因此,仪表充电指示灯是判断充电系统是否正常工作最直接的有效方法之一。

二、充电系统检修工具设备知识

1. 钳形电流表

钳形电流表可以在不切断电路的情况下测量电路中的电流,由电流互感器和电流表组成,如图 4-20 所示。测量电流时,应先估计被测电流大小,选择合适的量程。通常钳形电流表还可以测量电压和电阻等参数。

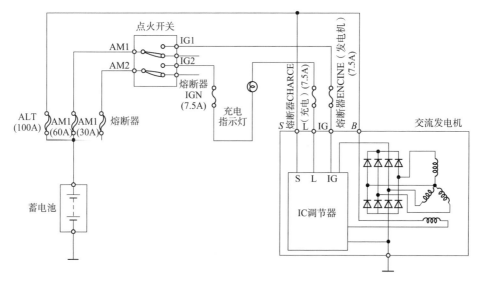

图 4-19　充电系统电路

2. 测试灯

测试灯是一种测量电路通断的简易工具,如图 4-21 所示。根据试灯发光程度还可以判断测试点的电压大小。使用时,带夹子一端搭铁,另一端与测试点接触。

图 4-20　钳形电流表　　　　图 4-21　测试灯

一、实训资源

(1)实训场地:维修工位 1 个。

(2)实训车辆:轿车 1 辆或实训台架。

(3)工量耗材与设备:维修手册(节选)1 本,举升机 1 台,工作台 1 个,常用工具 1 套,车辆护件 1 套,数字万用表 1 个,钳形电流表 1 个,测试灯 1 个,游标卡尺 1 支,发电机 1 台,发电机零部件若干,手套 1 双,测试线若干,砂纸若干。

二、安全注意事项

(1)规范使用举升机,使用前检查举升机技术状况,确保举升机正常工作。

(2) 进行电路相关的检测时,防止出现短路。
(3) 在发动机工作情况下操作,应避免接触到传动带和排气管等部件。
(4) 正确使用工量具,零部件合理分类摆放在工作台上,做好过程中5S管理。

三、操作过程

1. 检测发电机技术状况

检测发电机技术状况操作方法及说明见表4-19。

检测发电机技术状况操作方法及说明　　　　表4-19

步　骤	操作方法及说明	质量标准及记录
1. 工作准备	(1) 个人防护:穿工作服、工作鞋; (2) 检查所需的实训设备、工具、资料等; (3) 车辆防护:安装车轮挡块、安装尾气收集装置、铺设车辆护件、拉紧驻车制动器、确认变速器换挡杆位于P挡	□个人防护用品穿戴正确 □设备、工具和资料等齐全、完好 □车辆停放可靠,防护件安装正确
2. 检查仪表充电指示灯电路	(1) 起动车辆,并让车辆怠速运转; (2) 观察仪表充电指示灯点亮情况	□发动机工作时,仪表充电指示灯先点亮后熄灭
3. 检测无负载时的充电系统电路	(1) 起动发动机,让发动机转速达到2000r/min; (2) 关闭车上所有负载; (3) 用钳形电流表测量发电机输出电流; (4) 测量蓄电池端电压	□发电机输出电流小于10A □蓄电池充电电压为13.5～15.1V

项目四 汽车电器检修

续上表

步骤	操作方法及说明	质量标准及记录
4.检测带负载时的充电系统电路	(1)起动发动机,让发动机转速达到2000r/min; (2)打开全车灯光、音响、空调等电器设备; (3)用钳形电流表测量发电机输出电流; (4)测量蓄电池端电压 负荷测验(输出电流检查)方法	□发电机输出电流大于30A □蓄电池充电电压为13.5～15.1V
5.完工整理	车辆、工具、设备、场地整理和复位	□按5S要求整理

2.检修发电机

检修发电机操作方法及说明见表4-20。

检修发电机操作方法及说明　　　　　　表4-20

步骤	操作方法及说明	质量标准及记录
1.作业前准备	(1)个人防护:穿工作服、工作鞋; (2)检查准备维修资料、设备和工具是否齐全、完好	□个人防护正确 □维修资料、工量具和设备齐全有效
2.外观检查	(1)目视检查前端盖、后端盖、后罩盖是否开裂、破损、变形; 前端盖　后端盖　　后罩盖 (2)目视检查风扇与传动带轮有无变形和破损; (3)检查端盖前、后轴承运转情况	□端盖应无变形、破损等缺陷 □风扇叶片、传动带轮无变形和破损等缺陷 □前后轴承运转自如
3.检测定子总成	(1)目视检查定子总成外观是否掉漆、磨损等异常; (2)检测定子绕组间的导通性; (3)检测定子绕组和壳体之间的绝缘性	□定子总成外观无缺陷 □定子绕组与绕组之间导通,电阻小于1Ω □定子绕组与壳体之间不导通,电阻无穷大

续上表

步骤	操作方法及说明	质量标准及记录
4.检测转子总成	(1)目视检查转子总成是否松动、变形、烧蚀等异常； (2)检测转子绕组电阻； (3)检测转子绕组与转轴壳体之间的绝缘性； (4)用游标卡尺测量滑环的外径	□转子总成外观无缺陷 □转子绕组电阻为2～6Ω □转子绕组与转轴壳体之间不导通，电阻无穷大 □滑环的圆柱度误差不得超过0.025mm，滑环表面有轻微烧蚀，可用砂纸打磨
5.检测电刷组件	(1)目视检查电刷组件外观有无异常； (2)用游标卡尺检测电刷中部尺寸	□电刷组件外观无缺陷 □电刷自然伸出长度标准为9.5～11.5mm，最小4.5mm，电刷磨损截面规则
6.检测整流器	(1)目视检查整流器外观有无异常； (2)使用万用表二极管挡，测量二极管单向导通性 a)检查正极侧二极管	□整流器外观无缺陷 □二极管正向导通，反向不导通

续上表

步骤	操作方法及说明	质量标准及记录
6. 检测整流器	b) 检查鱼极侧二极管	
7. 完工整理	车辆、工具、设备、场地整理和复位	□按5S要求整理

3. 检修充电系统线路

检修充电系统线路操作方法及说明见表4-21。

检修充电系统线路操作方法及说明 表4-21

步骤	操作方法及说明	质量标准及记录
1. 工作准备	(1)个人防护：穿工作服、工作鞋； (2)检查所需的实训设备、工具、资料等； (3)车辆防护：安装车轮挡块、安装尾气收集装置、铺设车辆护件、拉紧驻车制动器、确认变速器换挡杆位于P挡	□个人防护用品穿戴正确 □设备、工具和资料等齐全、完好 □车辆停放可靠，防护件安装正确
2. 检测充电指示灯电路	(1)打开点火开关，不起动发动机，观察充电指示灯是否点亮； (2)起动发动机怠速运行，观察充电指示灯是否熄灭； (3)关闭点火开关，断开发电机插接器； (4)打开点火开关，不起动发动机，在发电机插接器L端子与搭铁之间连接测试灯，观察测试灯是否点亮	□打开点火开关，不起动发动机时，充电指示灯应点亮 □起动发动机后，充电指示灯应熄灭 □打开点火开关，不起动发动机，L端子和搭铁之间的试灯应点亮
3. 检测发电机正极电路	起动发动机，测量发电机B+端子和蓄电池正极之间的电压降（B+端子输出电压与蓄电池充电电压之差）。 注意：不要触碰到发电机旋转元件。电压降与充电电流大小有关	□发电机B+端子和蓄电池正极之间的电压降小于0.5V

续上表

步骤	操作方法及说明	质量标准及记录
4.检测发电机搭铁电路	起动发动机,测量发电机外壳和蓄电池负极之间的电压降(蓄电池负极与发电机外壳之间的电压差)。 注意:不要触碰到发电机旋转元件。电压降与充电电流大小有关 	□发电机外壳和蓄电池负极之间的电压降小于0.5V
5.完工整理	车辆、工具、设备、场地整理和复位	□按5S要求整理

任务评价

充电系统检修考核评分记录见表4-22。

充电系统检修考核评分记录表　　　　表4-22

类别	序号	项目	考核内容及要求	配分	评分标准(各项配分扣完为止)	得分
专业知识 (20分)	1	充电系统的组成	正确叙述起动系统的组成	5	能回答问题,但回答不完整,按比例扣分;不能回答,扣5分	
	2	充电系统的工作过程	正确叙述起动系统的工作过程	5	能回答问题,但回答不完整,按比例扣分;不能回答,扣5分	
	3	充电系统电路知识	正确叙述起动系统电路工作原理	10	能回答问题,但回答不完整,按比例扣分;不能回答,扣10分	
操作技能 (80分)	1	劳保用品穿戴	劳保用品穿戴齐全	5	穿戴不全,不得分	
	2	选用工具、设备、材料	选用工具、设备、材料齐全准确	5	缺一件,扣1分;选错一件,扣1分	
	3	工作准备	准备项目齐全	5	准备不充分一项,扣2.5分	
	4	检测发电机技术状况	正确检测发电机技术状况	15	方法错误,扣15分;未完成,扣7.5分	
		检修发电机	正确检修发电机	20	方法错误,扣20分;未完成,扣10分	
		检修充电系统线路	正确检修充电系统线路	10	方法错误,扣10分;未完成,扣5分	
	5	使用工具、设备、材料	工具、设备使用正确	5	工具、设备、材料使用不正确,一种扣2分 损坏、丢失任意一件工具,不得分	

续上表

类别	序号	项目	考核内容及要求	配分	评分标准(各项配分扣完为止)	得分
操作技能 (80分)	6	操作规程	操作规程执行情况	10	违反操作规程,不得分	
	7	清理现场 (5S管理)	清理、擦洗并回收工具和设备	5	少收一件工具、设备,扣1分	
		分数总计		100	最终得分	

考核员签字:_____   日期:_____年___月___日

任务7 照明、信号及仪表系统检修(四级)

▶ 建议学时:4学时

考核要求

一、知识要求

1. 掌握照明、信号及仪表系统组成与工作原理。
2. 掌握照明、信号及仪表系统电路图知识。
3. 掌握照明、信号及仪表系统元件的检测方法。

二、技能要求

1. 能检修照明系统线路及元件。
2. 能检修信号系统线路及元件。
3. 能检修仪表线路。

任务准备

1. 照明、信号、仪表系统组成

汽车照明系统主要用于夜间或光线不足的情况下为驾驶人提供良好的照明、识别车身轮廓大小,可分为车外照明和车内照明两大类。车外照明包括远光灯、近光灯和雾灯等,车内照明包括门控灯、阅读灯、杂物箱灯、行李舱灯和仪表灯等。一般情况下驾驶人操作灯光开关控制灯的工作,装有自动灯光系统的车辆可以根据车外光线自动开启和关闭近光灯。外部各照明灯通常组合安装,如图4-22所示。

图4-22 组合灯

汽车信号系统可分为灯光信号和声音信号两大类。灯光信号包括示宽灯、日间行车灯、超车灯、转向信号灯、危险警告灯、倒车灯和制动灯等,有些车灯兼有照明和信号作用。声音信号包括喇叭、蜂鸣器等。

汽车仪表系统是驾驶人和车辆的交互界面,可帮助驾驶人实时观察和了解汽车各系统工作情况,提示异常现象和故障信息。仪表系统主要由组合仪表和相关的传感器、开关、导线等组成。组合仪表上集成了车速表、里程表、发动机转速表、冷却液温度表、燃油表以及各类指示灯、警告灯等,图4-23所示为典型的组合仪表。

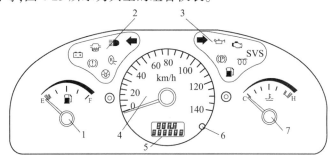

图4-23 典型组合仪表

1-燃油表;2、3-指示灯和警告灯;4-车速表;5-里程表;6-按钮;7-冷却液温度表

2. 照明、信号、仪表系统电路图与工作原理

照明、信号和仪表系统电路较多,下面以前照灯及远光指示灯、倒车灯电路为例,说明其基本工作原理。

如图4-24所示,前照灯及远光指示灯电路主要由蓄电池、熔断器、点火开关、灯光组合开关、左右前照灯(近光和远光)、仪表指示灯和导线等组成。当打开点火开关,驾驶人操作组合开关相应的挡位时,前照灯电路接通,灯泡点亮。当远光灯点亮时,仪表板上的远光指示灯点亮。

倒车灯电路主要由蓄电池、熔断器、点火开关、继电器、倒车灯开关、左右倒车灯等组成。当驾驶人挂入倒挡时,倒车灯电路接通,倒车灯点亮。

一、实训资源

(1)实训场地:维修工位1个。

(2)实训车辆:轿车1辆或实训台架。

(3)工具耗材与设备:维修手册(节选)1本,工作台1个,常用工具1套,车辆护件1套,数字万用表1个,测试灯1个、前照灯灯泡1个,制动灯灯泡2个,测试线若干。

二、安全注意事项

(1)起动前,检查确认已安装车轮挡块、拉紧驻车制动器、变速器换挡杆位于P挡,确保安全后才能起动车辆。

(2)进行电路相关的检测时,防止出现短路。

(3)挂入倒挡时,必须踩住制动踏板,防止溜车。

(4)正确使用工量具,零部件合理分类摆放在工作台上,做好过程中5S管理。

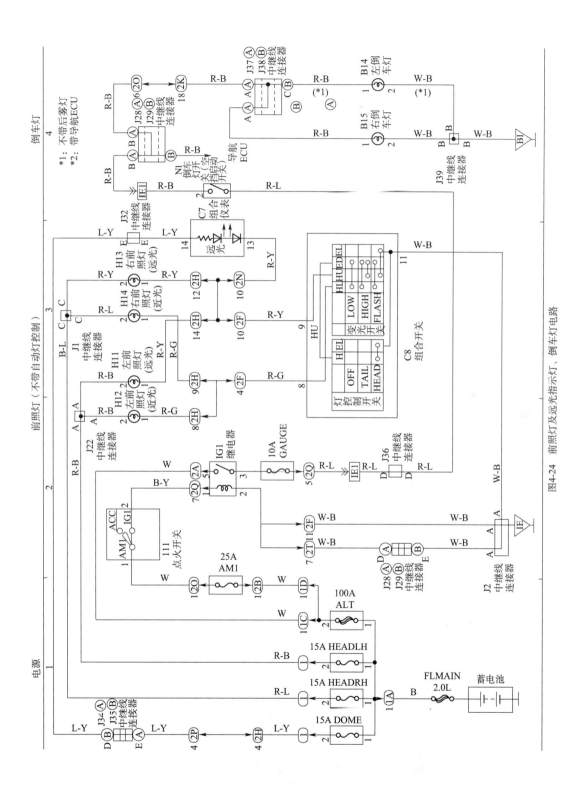

图4-24 前照灯及远光指示灯、倒车灯电路

三、操作过程

1. 检修照明系统线路及元件

以检修近光灯线路及元件为例,介绍照明系统线路及元件的检修方法。检修近光灯线路及元件操作方法及说明见表4-23。

检修近光灯线路及元件操作方法及说明　　　　表4-23

步　骤	操作方法及说明	质量标准及记录
1.作业前准备	(1) 车辆水平停稳,做好安全防护; (2) 安装车外三件套和车轮挡块; (3) 准备维修资料或笔记本电脑; (4) 准备拆装工具和检修工具	□ 车辆水平停稳 □ 安全防护有效 □ 维修资料准备齐全 □ 工量具设备准备齐全有效
2.检查前照灯工作情况	将灯光开关拨至近光灯位置,观察近光灯点亮情况	□ 灯光开关拨至近光位置,近光灯应点亮
3.检测蓄电池静态电压	使用万用表测量蓄电池电压,检测是否标准范围内	□ 蓄电池静态电压应高于12V,否则应进行充电或更换蓄电池
4.检测熔断器通断情况	(1) 查阅维修手册,查找熔断器位置; (2) 将试灯鳄鱼夹一端固定在蓄电池负极,一端测量端分别测量熔断器 HEAD RH、熔断器 HEAD LH 两端观察试灯是否点亮	□ 使用试灯测量熔断器两端,试灯应均点亮 □ 如试灯有一侧不点亮,熔断器烧断,更换相同规格熔断器

续上表

步骤	操作方法及说明	质量标准及记录
5.检测近光灯灯丝导通情况	(1)打开发动机舱盖,拆卸前照灯近光灯泡,观察灯丝有无烧断; (2)使用万用表欧姆挡检测灯丝导通性	□目视检查灯丝有无烧断 □万用表欧姆挡测量灯丝导通性,应导通 □灯丝如有烧断或者灯丝不导通应更换相同规格灯泡
6.检测灯光组合开关导通性	(1)松开灯光组合开关C8; (2)将开关拨至近光位置,测量端子8与端子11之间的导通性	□近光位置时,端子8与端子11应导通,电阻小于1Ω,否则更换灯光组合开关
7.检测近光线束导通性	(1)松开灯光组合开关C8; (2)测量熔断器HEAD RH端子2与组合开关C8端子8红/绿线束之间的导通性; (3)测量熔断器HEAD LH端子2与组合开关C8端子8红/绿线束之间的导通性	□熔断器HEAD RH端子2与组合开关C8端子8之间导通,电阻应小于1Ω □熔断器HEAD LH端子2与组合开关C8端子8之间导通,电阻应小于1Ω
8.完工整理	车辆、工具、设备、场地整理和复位	□按5S要求整理

2.检修信号系统线路及元件

以检修倒车灯线路及元件为例,介绍信号系统线路及元件的检修方法。检修倒车灯线路及元件操作方法及说明见表4-24。

检修倒车灯线路及元件操作方法及说明　　　　　　　　　表4-24

步骤	操作方法及说明	质量标准及记录
1.作业前准备	(1)车辆水平停稳,做好安全防护; (2)安装车外三件套和车轮挡块; (3)准备维修资料或笔记本电脑; (4)准备拆装工具和检修工具	□车辆水平停稳 □安全防护有效 □维修资料准备齐全 □工具设备准备齐全有效
2.检查倒车灯工作情况	(1)拉紧驻车制动器,检查变速器换挡杆在P挡或N挡; (2)打开点火开关至ON挡,打开危险警告灯,踩下制动踏板,挂入R挡,检查倒车灯点亮情况	□拉紧驻车制动器,变速器换挡杆挂入P挡或N挡,确保安全 □挂入倒挡,倒车灯应点亮

续上表

步骤	操作方法及说明	质量标准及记录
2. 检查倒车灯工作情况		
3. 检测蓄电池静态电压	使用万用表测量蓄电池电压,检测其是否标准范围内	□蓄电池静态电压应高于12V,否则应进行充电或更换蓄电池
4. 检测熔断器通断情况	(1)查阅维修手册,查找熔断器位置; (2)点火开关至ON挡,将试灯鳄鱼夹一端与车身搭铁,另一端测量分别测量ALT100A、AMI25A、GAUGE熔断器两端,观察试灯是否点亮	□使用试灯测量熔断器两端,试灯应均点亮 □如试灯有一侧不点亮,或电阻不在标准范围内,更换相同规格熔断器
5. 检测倒车灯丝导通情况	(1)打开后尾箱盖,拆卸倒车灯线束和灯具,观察灯丝有无烧断; (2)使用万用表欧姆挡检测灯丝导通性	□目视检查灯丝有无烧断 □万用表欧姆挡测量灯丝导通性,应导通 □灯丝如有烧断或者灯丝不导通,应更换相同规格灯泡
6. 检查倒车灯开关	挂入倒挡,检查倒车灯开关是否导通	□挂入倒挡后,倒车灯开关应导通
7. 检测GAUGE 10A熔断器至倒车灯泡线束导通性	(1)查阅维修手册,确定熔断器位置; (2)点火开关打开至ON挡,挂入倒挡,打开车后尾箱盖,松开B14、B15制动灯线束插头,测量B14或B15线束端子1与车身之间电压	□B14或B15线束端端子1与车身之间电压应高于12V
8. 完工整理	车辆、工具、设备、场地整理和复位	□按5S要求整理

3. 检修仪表系统线路

以检修远光指示灯线路为例,介绍仪表系统线路的检修方法。检修远光指示灯线路操作方法及说明见表4-25。

检修远光指示灯线路操作方法及说明　　　　　表4-25

步　骤	操作方法及说明	质量标准及记录
1.作业前准备	(1)车辆水平停稳,做好安全防护; (2)安装车外三件套和车轮挡块; (3)准备维修资料或笔记本电脑; (4)准备拆装工具和检修工具	□车辆水平停稳 □安全防护有效 □维修资料准备齐全 □工量具设备准备齐全有效
2.检查远光指示灯点亮情况	将灯光开关拨至远光位置,观察远光灯、远光指示灯点亮情况	□灯光开关拨至远光位置,远光灯、远光指示灯应点亮
3.检测远光指示灯熔断器通断情况	(1)查阅维修手册,查找熔断器位置; (2)试灯一端分别测量15A DOME 熔断器两端,观察试灯是否点亮	□使用试灯测量熔断器两端,试灯应均点亮 □如试灯有一侧不点亮,熔断器烧断,更换相同规格熔断器
4.检测远光指示灯熔断器至仪表远光指示灯线束端子14导通性	拆卸仪表板,松开仪表线束插头,取下15A DOME 熔断器,使用万用表欧姆挡检测15A DOME 熔断器线束端子2至仪表板远光指示灯端子14电阻	□15A DOME 熔断器线束端子2至仪表板远光指示灯端子14电阻应小于1Ω
5.检测仪表线束至灯光组合开关线束之间导通性	(1)松开组合灯光开关C8线束接头; (2)测量仪表指示灯端子13与灯光组合开关C8端子9之间的导通性	□仪表指示灯端子13与组合灯光开关C8端子9之间电阻应小于1Ω
6.完工整理	车辆、工具、设备、场地整理和复位	□按5S要求整理

任务评价

照明、信号及仪表系统检修考核评分记录见表4-26。

照明、信号及仪表系统检修考核评分记录表　　　　表4-26

类别	序号	项目	考核内容及要求	配分	评分标准(各项配分扣完为止)	得分
专业知识 (20分)	1	照明系统的组成和作用	正确叙述照明系统的组成和作用	5	能回答问题,但回答不完整,按比例扣分;不能回答,扣5分	
	2	信号系统的组成和作用	正确叙述信号系统的组成和作用	5	能回答问题,但回答不完整,按比例扣分;不能回答,扣5分	
	3	仪表系统的组成和作用	正确叙述仪表系统的组成和作用	5	能回答问题,但回答不完整,按比例扣分;不能回答,扣5分	
	4	照明、信号及仪表系统电路原理	正确叙述照明、信号及仪表系统电路原理	5	能回答问题,但回答不完整,按比例扣分;不能回答,扣5分	
操作技能 (80分)	1	劳保用品穿戴	劳保用品穿戴齐全	5	穿戴不全,不得分	
	2	选用工具、设备、材料	选用工具、设备、材料齐全准确	5	缺一件,扣1分;选错一件,扣1分	
	3	工作准备	准备工作齐全	5	准备不充分一项,扣2.5分	
	4	检修照明系统线路及元件	正确检修照明系统线路及元件	20	方法错误,扣20分;未完成,扣10分	
		检修信号系统线路及元件	正确检修信号系统线路及元件	15	方法错误,扣15分;未完成,扣7.5分	
		检修仪表系统线路	正确检修仪表系统线路	10	方法错误,扣10分;未完成,扣5分	
	5	使用工具、设备、材料	工具、设备使用正确	5	工具、设备、材料使用不正确,一种扣2分	
					损坏、丢失任意一件工具,不得分	
	6	操作规程	操作规程执行情况	10	违反操作规程,不得分	
	7	清理现场 (5S管理)	清理、擦洗并回收工具和设备	5	少收一件工具、设备,扣1分	
		分数总计		100	最终得分	

考核员签字:_____　　　　　　　　　　　　　日期:_____年___月___日

任务8　辅助电器系统检修(四级)

▶建议学时:4学时

考核要求

一、知识要求

1.掌握辅助电器系统组成与工作原理。

2. 掌握刮水器电机及开关检查、更换方法。
3. 掌握电动车窗电机及开关检查、更换方法。
4. 掌握电动座椅电机及控制开关检查、更换方法。
5. 掌握电动后视镜及开关检查、更换方法。
6. 掌握电动门锁电机及开关检查、更换方法。

二、技能要求

1. 能检查、更换刮水器电机及开关。
2. 能检查、更换电动车窗电机及开关。
3. 能检查、更换电动座椅电机及控制开关。
4. 能检查、更换电动后视镜及开关。
5. 能检查、更换门锁电机及开关。

任务准备

汽车辅助电器系统主要包括电动刮水器、电动车窗、电动座椅、电动后视镜、电控门锁防盗等系统，其中电动车窗、电动座椅、电动后视镜、电控门锁防盗等的基本工作原理相同，都是通过直流电动机的正反转来实现直线运动，控制电路也有相似的地方，在学习任务内容时，应触类旁通，掌握基本原理，将有利于进行故障的诊断和分析。

1. 电动刮水器

电动刮水系统是汽车电器的重要组成部分主要由刮水器电机、刮水器臂、联动装置、车窗清洗器等组成，如图 4-25 所示。性能良好的电动刮水系统可以保证驾驶人在任何天气条件下都有良好的驾驶视线。

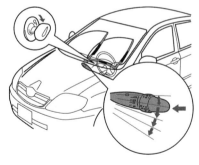

图 4-25 电动刮水系统

2. 电动车窗

电动车窗系统采用永磁式电动机来操作每个车窗，如图 4-26 所示。电动机的工作可以由单个的主开关控制，也可以由单个车窗开关组成的组合开关来控制。车窗的升高和降低取决于供给车窗电动机的电流方向。

3. 电动座椅

电动座椅由座椅滑动开关、升降开关、靠背倾角调节开关等控制元件，及其各自负载电机组成，如图 4-27 所示。随着汽车电气电子技术的发展，轿车座椅已从一个简单的部件发展到一个比较复杂的部件,同时还必须满足便利性和舒适性两大要求。

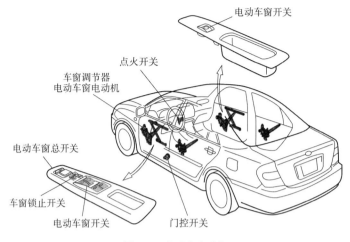

图 4-26 电动车窗系统

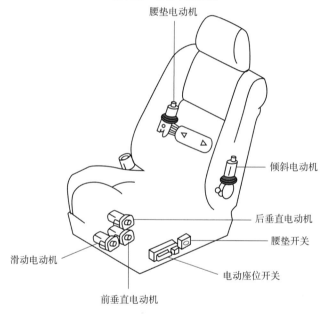

图 4-27 电动座椅系统

4. 电动后视镜

电动后视镜由两个永磁直流电动机、传递机构、组合开关、镜面玻璃等组成,如图 4-28 所示。其中的两个永磁电动机分别控制后视镜的上下偏转和左右偏转。有的还配备了电子除霜器,使视野更加开阔和清晰。

5. 电动门锁

电动门锁和防盗系统是现代汽车辅助电气系统的重要组成部分,促进汽车的使用更加方便和安全,如图 4-29 所示。中控门锁与防盗系统是既相互联系又有区别的两个系统,防盗功能的实现依赖于中控门锁正常工作,安装有防盗系统的车辆可以极大地降低被盗的概率。

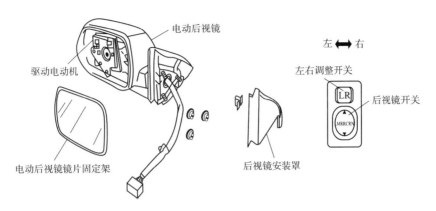

图 4-28 电动后视镜系统

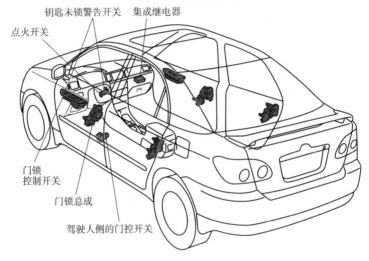

图 4-29 电动门锁系统

一、实训资源

(1)实训场地:维修工位 1 个。
(2)实训车辆:轿车 1 辆或实训台架。
(3)工具耗材与设备:维修手册(节选)1 本,工作台 1 个,常用工具 1 套,数字万用表 1 个,电动车窗电机及开关各 1 个,门锁电机及开关各 1 个,电动后视镜及开关各 1 个,刮水器电机及开关各 1 个,电动座椅电机及开关各 1 个,测试线若干。

二、安全注意事项

(1)起动前,检查确认已安装车轮挡块、拉紧驻车制动器、变速器换挡杆位于 P 挡,确保安全后才能起动车辆。
(2)进行电路相关的检测时,防止出现短路。
(3)正确使用工量具,零部件合理分类摆放在工作台上,做好过程中 5S 管理。

三、操作过程

1. 检查、更换刮水器电机及开关

检查、更换刮水器电机及开关操作方法及说明见表4-27。

检查、更换刮水器电机及开关操作方法及说明　　　　　表4-27

步　骤	操作方法及说明	质量标准及记录
1.检测前刮水器开关(左侧驾驶型)	(1)检测点动挡(MIST)端子7与端子8的导通性； (2)检测关闭挡(OFF)端子6与端子7的导通性； (3)检测间歇挡(INT)端子7与端子8的导通性； (4)检测低速挡(LO)端子7与端子8的导通性； (5)检测高速挡(HI)端子8与端子9的导通性 前刮水器和喷洗器开关端子编号	□各挡位端子均应导通
2.检测前喷洗器开关(左侧驾驶型)	检测喷洗器开关端子4与端子5的导通性	□关闭喷洗器开关端子4与端子5不导通
3.检查刮水器电动机(左侧驾驶型)	(1)将蓄电池正极接在连接器端子1上,负极接在连接器端子5上,检查电动机低速挡运行； (2)将蓄电池正极接在连接器端子4上,负极接在连接器端子5上,检查电动机高速挡运行； (3)检查自动停止运行： ①将蓄电池正极接在连接器端子1上,负极接在连接器端子5上,在电动机低速旋转时,断开端子1使刮水器电动机停止在除自动停止位置以外的任何位置； ②连接端子1与端子3； ③检查蓄电池正极与端子2的连接情况,重新启动电动机至低速,检查电动机自动停止位置 自动停止位置 $8.5°^{+5°}_{-10°}$	□低速挡运行 □高速挡运行 □自动停止位置正常 检查刮水器电动机
4.更换前刮水器和喷洗器开关	(1)拆卸：拆卸转向柱下罩→拆卸转向柱上罩→拆卸并取出前刮水器和喷洗器开关； (2)安装：安装前刮水器和喷洗器开关→安装转向柱上罩→安装转向柱下罩→检查工作情况,清理复位	□正确拆卸 □安装牢固,零件无损坏 □更换后,前刮水器和喷洗器工作正常

续上表

步骤	操作方法及说明	质量标准及记录
4.更换前刮水器和喷洗器开关		
5.更换刮水器电动机	(1)拆卸:拆卸前刮水臂端盖→拆卸左右刮水臂和刮水片总成→拆卸风窗玻璃下方护板及其附件→拆卸刮水器电机连杆机构→拆卸并取出刮水器电机; (2)安装:安装刮水器电机→安装刮水器电机连杆机构→安装左右刮水臂和刮水片总成→安装前刮水臂端盖→检查工作情况	□正确拆卸 □安装牢固,零件无损坏 □更换后,刮水器电动机工作正常
6.完工整理	车辆、工具、设备、场地整理和复位	□按5S要求整理

2.检查、更换电动车窗电机及开关

检查、更换电动车窗电机及开关操作方法及说明见表4-28。

检查、更换电动车窗电机及开关操作方法及说明　　　　表4-28

步骤	操作方法及说明	质量标准及记录
1.检测乘员侧车窗主开关(车窗未锁止时)	(1)检测开关关闭状态(OFF)端子1与端子13,端子1与端子15的导通性; (2)检测开关上升挡(UP)端子6与端子13,端子1与端子15的导通性; (3)检测开关下降挡(DOWN)端子6与端子15,端子1与端子13的导通性 车窗主控开关端子编号	□各挡位端子均应导通
2.检测右后侧车窗主开关(车窗未锁止时)	(1)检测开关关闭状态(OFF)端子1与端子16,端子1与端子18的导通性; (2)检测开关上升挡(UP)端子6与端子18,端子1与端子16的导通性; (3)检测开关下降挡(DOWN)端子6与端子16,端子1与端子18的导通性	□各挡位端子均应导通

续上表

步　骤	操作方法及说明	质量标准及记录
3. 检测左后侧车窗主开关（车窗未锁止时）	(1) 检测开关关闭状态(OFF)端子1与端子10，端子1与端子12的导通性； (2) 检测开关上升挡(UP)端子6与端子12，端子1与端子10的导通性； (3) 检测开关下降挡(DOWN)端子6与端子10，端子1与端子12的导通性	□ 各挡位端子均应导通
4. 检测乘员侧车窗主开关（车窗锁止时）	(1) 检测开关关闭状态(OFF)端子13与端子15的导通性； (2) 检测开关上升挡(UP)端子6与端子13，端子1与端子15的导通性； (3) 检测开关下降挡(DOWN)端子6与端子15，端子1与端子13的导通性 车窗锁止开关	□ 端子13与端子15导通 □ 端子6与端子15导通，端子1与端子13阻值无穷大 □ 端子6与端子13导通，端子1与端子15阻值无穷大
5. 检测右后侧车窗主开关（车窗锁止时）	(1) 检测开关关闭状态(OFF)端子16与端子18的导通性； (2) 检测开关上升挡(UP)端子6与端子18，端子1与端子16的导通性； (3) 检测开关下降挡(DOWN)端子6与端子16，端子1与端子18的导通性	□ 端子16与端子18导通 □ 端子6与端子18导通，端子1与端子16阻值无穷大 □ 端子6与端子16导通，端子1与端子18阻值无穷大
6. 检测左后侧车窗主开关（车窗锁止时）	(1) 检测开关关闭状态(OFF)端子10与端子12的导通性； (2) 检测开关上升挡(UP)端子6与端子12，端子1与端子10的导通性； (3) 检测开关下降挡(DOWN)端子6与端子10，端子1与端子12的导通性	□ 端子10与端子12导通 □ 端子6与端子12导通，端子1与端子10阻值无穷大 □ 端子6与端子10导通，端子1与端子12阻值无穷大
7. 检测右前乘员侧分控开关	(1) 检测开关关闭状态(OFF)端子1与端子2，端子3与端子5的导通性； (2) 检测开关上升挡(UP)端子1与端子2，端子3与端子4的导通性； (3) 检测开关下降挡(DOWN)端子1与端子4，端子3与端子5的导通性 P5 5 4 3 2 1 右前乘员侧分控开关端子编号	□ 各挡位端子均应导通

续上表

步骤	操作方法及说明	质量标准及记录
8. 检查车窗电动机	(1)用两根导线连接蓄电池正负极,将电压加到对应的连接器端子上(正极—端子5,负极—端子4),检查电动机正转运行平稳; (2)用两根导线连接蓄电池正负极将电压加到对应的连接器端子上(正极—端子4,负极—端子5),检查电动机反转运行平稳	□正转运行平稳 □反转运行平稳
9. 更换电动车窗主开关	(1)拆卸:拆卸前扶手总成→拆卸带前门扶手座面板的电动车窗主开关→从前门扶手座面板上拆下电动车窗主开关; (2)安装:将电动车窗主开关安装到前门扶手座面板→安装带前门扶手座面板的电动车窗主开关→安装前扶手总成→检查工作情况,清理复位	□正确拆卸 □安装牢固,零件无损坏 □电动车窗主开关工作正常
10. 更换车窗电动机(前门)	(1)拆卸:断开蓄电池负极→拆卸前门饰板及附件→拆卸前门玻璃分总成→拆卸前门升降器总成→拆卸并取出车窗电机; (2)安装:安装车窗电机→安装前门升降器总成→安装前门玻璃分总成→安装前门饰板及附件→连接蓄电池负极→检查工作情况	□正确拆卸 □安装牢固,零件无损坏 □更换后,车窗电机工作正常
11. 完工整理	车辆、工具、设备、场地整理和复位	□按5S要求整理

3. 检查、更换电动座椅电机及控制开关

检查、更换电动座椅电机及控制开关操作方法及说明见表4-29。

检查、更换电动座椅电动机及控制开关操作方法及说明　　　　表 4-29

步　骤	操作方法及说明	质量标准及记录
1. 检测座椅滑动开关	（1）检测开关关闭（OFF）状态端子 2 与端子 11，端子 2 与端子 12，端子 5 与端子 11，端子 5 与端子 12 的导通性； （2）检测开关按下（前）端子 2 与端子 11，端子 2 与端子 12，端子 5 与端子 7，端子 5 与端子 8 的导通性； （3）检测开关按下（后）端子 2 与端子 7，端子 2 与端子 8，端子 5 与端子 11，端子 5 与端子 12 的导通性 电动座椅开关端子编号	□各端子均应导通
2. 检测座椅升降开关	（1）检测开关关闭（OFF）状态端子 3 与端子 11，端子 3 与端子 12，端子 4 与端子 11，端子 4 与端子 12 的导通性； （2）检测开关按下（上）端子 3 与端子 7，端子 3 与端子 8，端子 4 与端子 11，端子 4 与端子 12 的导通性； （3）检测开关按下（下）端子 4 与端子 7，端子 4 与端子 8，端子 3 与端子 11，端子 3 与端子 12 的导通性	□各端子均应导通
3. 检测座椅靠背倾角调节开关	（1）检测靠背倾角调节开关关闭（OFF）状态端子 9 与端子 11，端子 9 与端子 12，端子 10 与端子 11，端子 10 与端子 12 的导通性； （2）检测靠背倾角调节开关按下（前）端子 9 与端子 11，端子 9 与端子 12，端子 10 与端子 7，端子 10 与端子 8 的导通性； （3）检测靠背倾角调节开关按下（后）端子 9 与端子 7，端子 9 与端子 8，端子 10 与端子 11，端子 10 与端子 12 的导通性	□各端子均应导通
4. 检查座椅前后滑动电动机	（1）用两根导线连接蓄电池正负极，将电压加到对应的连接器端子上（正极—端子 2，负极—端子 5），检查电动机向前运行平稳； （2）用两根导线连接蓄电池正负极将电压加到对应的连接器端子上（正极—端子 5，负极—端子 2），检查电动机向后运行平稳 前后滑动电动机控制电路	□向前运行平稳 □向后运行平稳

续上表

步 骤	操作方法及说明	质量标准及记录
5. 检查座椅升降电动机	(1)用两根导线连接蓄电池正负极,将电压加到对应的连接器端子上(正极—端子3,负极—端子4),检查电动机向上运行平稳; (2)用两根导线连接蓄电池正负极,将电压加到对应的连接器端子上(正极—端子4,负极—端子3),检查电动机向下运行平稳 升降电动机控制电路	□向上运行平稳 □向下运行平稳
6. 检查座椅靠背倾角调节机	(1)用两根导线连接蓄电池正负极,将电压加到对应的连接器端子上(正极—端子9,负极—端子10),检查电动机向前运行平稳; (2)用两根导线连接蓄电池正负极,将电压加到对应的连接器端子上(正极—端子10,负极—端子9),检查电动机向后运行平稳 靠背倾角调节电动机控制电路	□向前运行平稳 □向后运行平稳
7. 更换前排电动座椅开关	(1)拆卸:断开蓄电池负极→拆卸前排座椅总成→断开分离式前排座椅靠背护面→拆卸座椅垫护板→拆卸电动座椅滑动和高度调节开关旋钮→拆卸电动座椅倾角调节开关旋钮→拆卸前排电动座椅开关 (2)安装:安装前排电动座椅开关→安装电动座椅倾角调节开关旋钮→安装电动座椅滑动和高度调节开关旋钮→安装座椅垫护板→安装断开分离式前排座椅靠背护面→安装前排座椅总成→连接蓄电池负极→检查工作情况	□正确拆卸 □安装牢固,零件无损坏 □更换后,电动座椅工作正常

续上表

步骤	操作方法及说明	质量标准及记录
7.更换前排电动座椅开关		
8.完工整理	车辆、工具、设备、场地整理和复位	□按5S要求整理

4. 检查、更换电动后视镜及开关

检查、更换电动后视镜及开关操作方法及说明见表4-30。

检查、更换电动后视镜及开关操作方法及说明　　　　表4-30

步骤	操作方法及说明	质量标准及记录
1.检测左侧(L)后视镜开关	(1)检测开关上(UP)端子8与端子4,端子7与端子6的导通性; (2)检测开关下(DOWN)端子8与端子6,端子7与端子4的导通性; (3)检测开关左(LEFT)端子8与端子5,端子7与端子6的导通性; (4)检测开关右(RIGHT)端子8与端子6,端子7与端子5的导通性 电动后视镜开关针脚号	□各端子均应导通
2.检测右侧(R)后视镜开关	(1)检测开关上(UP)端子8与端子3,端子7与端子6的导通性; (2)检测开关下(DOWN)端子8与端子6,端子7与端子3的导通性; (3)检测开关左(LEFT)端子8与端子2,端子7与端子6的导通性; (4)检测开关右(RIGHT)端子8与端子6,端子7与端子2的导通性	□各端子均应导通
3.检查左侧(L)后视镜电动机上、下运行情况	(1)用两根导线连接蓄电池正负极,将电压加到对应的连接器端子上(正极—端子4,负极—端子6),检查电动机正转运行平稳; (2)用两根导线连接蓄电池正负极,将电压加到对应的连接器端子上(正极—端子6,负极—端子4),检查电动机反转运行平稳	□正转运行平稳 □反转运行平稳
4.检查左侧(L)后视镜电动机左、右运行情况	(1)用两根导线连接蓄电池正负极,将电压加到对应的连接器端子上(正极—端子5,负极—端子6),检查电动机正转运行平稳; (2)用两根导线连接蓄电池正负极,将电压加到对应的连接器端子上(正极—端子6,负极—端子5),检查电动机反转运行平稳	□正转运行平稳 □反转运行平稳
5.检查右侧(R)后视镜电动机上、下运行情况	(1)用两根导线连接蓄电池正负极,将电压加到对应的连接器端子上(正极—端子3,负极—端子6),检查电动机正转运行平稳; (2)用两根导线连接蓄电池正负极,将电压加到对应的连接器端子上(正极—端子6,负极—端子3),检查电动机反转运行平稳	□正转运行平稳 □反转运行平稳

续上表

步骤	操作方法及说明	质量标准及记录
6.检查右侧(R)后视镜电动机左、右运行情况	(1)用两根导线连接蓄电池正负极,将电压加到对应的连接器端子上(正极—端子2,负极—端子6),检查电动机正转运行平稳; (2)用两根导线连接蓄电池正负极,将电压加到对应的连接器端子上(正极—端子6,负极—端子2),检查电动机反转运行平稳	□正转运行平稳 □反转运行平稳
7.更换电动后视镜开关	(1)拆卸:拆卸仪表组下装饰板总成→拆卸电动后视镜开关; (2)安装:安装电动后视镜开关→安装仪表组下装饰板总成→检查工作情况	□正确拆卸 □安装牢固,零件无损坏 □更换后,电动后视镜工作正常
8.更换电动后视镜	(1)拆卸:拆卸车门辅助拉手盖→拆卸前扶手总成→拆卸带前扶手座面板的电动车窗主开关→拆卸门控灯总成→拆卸前门框支架装饰条→拆卸前门装饰板分总成→拆卸电动后视镜总成; (2)安装:安装电动后视镜总成→安装前门装饰板分总成→安装前门框支架装饰条→安装门控灯总成→安装带前扶手座面板的电动车窗主开关→安装前扶手总成→安装车门辅助拉手盖→检查工作情况	□正确拆卸 □安装牢固,零件无损坏 □更换后,电动后视镜工作正常
9.完工整理	车辆、工具、设备、场地整理和复位	□按5S要求整理

5.检查、更换门锁电动机及开关

检查、更换门锁电动机及开关操作方法及说明见表4-31。

检查、更换门锁电动机及开关操作方法及说明　　　　表4-31

步骤	操作方法及说明	质量标准及记录
1.检测门锁控制开关	(1)检测开关锁止(LOCK)端子5与端子1(3)的导通性; (2)检测开关开锁(UNLOCK)端子8与端子1(3)的导通性	□各端子均应导通

续上表

步骤	操作方法及说明	质量标准及记录
2.检测钥匙控制开关	(1)检测开关锁止(LOCK)端子4与端子2的导通性; (2)检测开关开锁(UNLOCK)端子3与端子2的导通性 D10 门锁电动机、车门钥匙锁止和开启开关、车门开启检测开关(驾驶人侧) 门锁电动机开关电路	□各端子均应导通
3.检测车门开启检测开关	检测车门开启检测开关触点端子1与端子2的导通性	□导通
4.检查门锁电动机 D10(驾驶人侧)	(1)用两根导线连接蓄电池正负极,将电压加到对应的连接器端子上(正极—端子5,负极—端子6),检查电动机锁止正常; (2)用两根导线连接蓄电池正负极,将电压加到对应的连接器端子上(正极—端子6,负极—端子5),检查电动机开锁正常 钥匙控制开关　门锁电动机	□锁止正常 □开锁正常
5.检查门锁电动机D9(前排乘客侧)	(1)用两根导线连接蓄电池正负极,将电压加到对应的连接器端子上(正极—端子1,负极—端子2),检查电动机锁止正常; (2)用两根导线连接蓄电池正负极,将电压加到对应的连接器端子上(正极—端子2,负极—端子1),检查电动机开锁正常	□锁止正常 □开锁正常
6.检查门锁电动机 D11(左后门锁)	(1)用两根导线连接蓄电池正负极,将电压加到对应的连接器端子上(正极—端子1,负极—端子2),检查电动机锁止正常; (2)用两根导线连接蓄电池正负极,将电压加到对应的连接器端子上(正极—端子2,负极—端子1),检查电动机开锁正常	□锁止正常 □开锁正常
7.检查门锁电动机 D12(右后门锁)	(1)用两根导线连接蓄电池正负极,将电压加到对应的连接器端子上(正极—端子1,负极—端子2),检查电动机锁止正常; (2)用两根导线连接蓄电池正负极,将电压加到对应的连接器端子上(正极—端子2,负极—端子1),检查电动机开锁正常	□锁止正常 □开锁正常
8.更换门锁电动机开关	(1)拆卸:拆卸前扶手总成→拆卸带前门扶手座面板的电动车窗主开关→从前门扶手座面板上拆下电动车窗主开关; (2)安装:将电动车窗主开关安装到前门扶手座面板→安装带前门扶手座面板的电动车窗主开关→安装前扶手总成→检查工作情况,清理复位。	□正确拆卸 □安装牢固,零件无损坏 □更换后,门锁工作正常

续上表

步骤	操作方法及说明	质量标准及记录
8.更换门锁电动机开关	注意:门锁电动机开关与电动车窗开关在同一总成上	
9.更换门锁电动机	(1)拆卸:断开蓄电池负极→拆卸车门辅助拉手盖→拆卸前扶手总成→拆卸电动车窗开关→拆卸门控灯总成，拆卸下门框支架装饰条→拆卸前门装饰板→拆卸前门检修孔盖→拆卸前门玻璃分总成和升降槽→拆卸前门后下门框分总成→拆卸带锁芯总成的前门外把手盖→拆卸并取出门锁电动机; (2)安装:安装门锁电动机→安装带锁芯总成的前门外把手盖→安装前门后下门框分总成→安装前门玻璃分总成和升降槽→安装前门检修孔盖→安装前门装饰板→安装下门框支架装饰条→安装门控灯总成→安装电动车窗开关→安装前扶手总成→安装车门辅助拉手盖→连接蓄电池负极→检查工作情况，清理复位	□正确拆卸 □安装牢固,零件无损坏 □更换后,门锁工作正常
10.完工整理	车辆、工具、设备、场地整理和复位	□按5S要求整理

任务评价

辅助电器系统检修考核评分记录见表4-32。

辅助电器系统检修考核评分记录表　　　　　　　　　　表4-32

类别	序号	项目	考核内容及要求	配分	评分标准(各项配分扣完为止)	得分
专业知识 (20分)	1	电动刮水系统组成	正确叙述电动刮水系统组成	4	能回答问题,但回答不完整,按比例扣分;不能回答,扣4分	
	2	电动车窗的组成	正确叙述电动车窗的组成	4	能回答问题,但回答不完整,按比例扣分;不能回答,扣4分	
	3	电动座椅的组成	正确叙述电动座椅的组成	4	能回答问题,但回答不完整,按比例扣分;不能回答,扣4分	
	4	电动后视镜的组成	正确叙述电动后视镜的组成	4	能回答问题,但回答不完整,按比例扣分;不能回答,扣4分	
	5	中控门锁系统的组成	正确叙述中控门锁系统的组成	4	能回答问题,但回答不完整,按比例扣分;不能回答,扣4分	

续上表

类别	序号	项目	考核内容及要求	配分	评分标准(各项配分扣完为止)	得分
操作技能(80分)	1	劳保用品穿戴	劳保用品穿戴齐全	5	穿戴不全,不得分	
	2	选用工具、设备、材料	选用工具、设备、材料齐全准确	5	缺一件,扣1分;选错一件,扣1分	
	3	工作准备	准备工作齐全	5	准备不充分一项,扣2.5分	
	4	检查、更换刮水器电动机及开关	正确检查、更换刮水器电动机及开关	9	方法错误,扣9分;未完成,扣4.5分	
		检查、更换电动车窗电动机及开关	正确检查、更换电动车窗电动机及开关	9	方法错误,扣9分;未完成,扣4.5分	
		检查、更换电动座椅电动机及开关	正确检查、更换电动座椅电动机及开关	9	方法错误,扣9分;未完成,扣4.5分	
		检查、更换电动后视镜及开关	正确检查、更换电动后视镜及开关	9	方法错误,扣9分;未完成,扣4.5分	
		检查、更换门锁电动机及开关	正确检查、更换门锁电动机及开关	9	方法错误,扣9分;未完成,扣4.5分	
	5	使用工具、设备、材料	工具、设备使用正确	5	工具、设备、材料使用不正确,一种扣2分	
					损坏、丢失任意一件工具,不得分	
	6	操作规程	操作规程执行情况	10	违反操作规程,不得分	
	7	清理现场(5S管理)	清理、擦洗并回收工具和设备	5	少收一件工具、设备,扣1分	
		分数总计		100	最终得分	

考核员签字:_____   日期:_____年___月___日

任务9 空调系统检修(四级)

▶ 建议学时:4学时

一、知识要求

1. 空调系统组成与工作原理。
2. 电磁离合器检测技术要求。

3. 汽车空调控制电路图相关知识。
4. 空调压力表、制冷剂回收加注机操作规程。
5. 空调取暖和通风系统组成与工作原理。
6. 鼓风机和通风装置拆装技术要求。

二、技能要求

1. 能检查空调压缩机电磁离合器。
2. 能检查空调制冷循环系统技术状况。
3. 能检查、更换制冷系统各组件(膨胀阀、冷凝器、储液干燥过滤器)。
4. 能拆装暖风控制水阀。
5. 能拆装鼓风机和通风装置。

任务准备

一、空调系统基础知识

1. 制冷系统

制冷系统主要由压缩机、冷凝器、储液干燥过滤器、膨胀阀、蒸发器及控制系统等组成,如图4-30所示。压缩机为驱动制冷剂在制冷系统中循环提供动力。冷凝器和车外空气进行热交换,将来自压缩机的高温高压制冷剂气体冷凝成中温高压的制冷剂液体。储液干燥过滤器控制冷凝器出口处的制冷剂量,并除去制冷剂中的水分和杂质。膨胀阀通过一个细孔将高温高压的液体制冷剂变为低温低压的雾状制冷剂,同时调整进入蒸发器的制冷剂量。蒸发器和车内外空气进行热交换,将低压雾状制冷剂蒸发为气态制冷剂,实现车内空气制冷和除湿。

2. 取暖系统

取暖系统主要由加热器芯、冷却液管路和控制装置等组成,如图4-31所示。取暖系统将发动机冷却液的热量传递给流经加热器芯的空气,对车厢内空气进行加热。

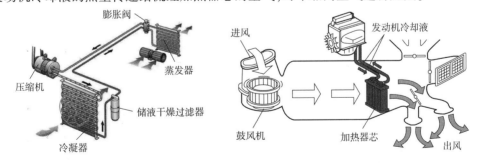

图 4-30 制冷系统的组成　　图 4-31 取暖系统

3. 通风系统

通风系统主要由鼓风机、风道和风门等组成,如图4-32所示。取暖系统将发动机冷却液的热量传递给流经加热器芯的空气,对车厢内空气进行加热。利用内外循环开关控制进入车厢的新鲜空气或再循环空气,利用出风模式开关控制出风风门和出风位置,利用鼓风机开关控制鼓风机和送风量大小。自动空调可以自动调整内外循环、出风模式和风量大小。

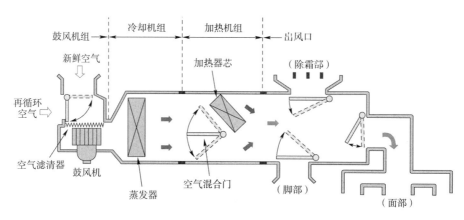

图 4-32 通风系统

4. 汽车空调控制电路相关知识

汽车空调控制电路主要包括压缩机电磁离合器控制电路、鼓风机控制电路和冷凝器风扇控制电路等。压缩机电磁离合器控制电路控制压缩机的工作状态,电磁离合器接合后,压缩机得到动力,制冷系统开始工作。鼓风机控制电路控制鼓风机电动机运行,通常利用调速开关控制鼓风机转速,从而控制出风量大小。冷凝器风扇控制电路控制冷却风扇电动机的工作,根据发动机冷却液温度和制冷剂压力,控制冷却风扇低速或高速运行。

下面以空调压缩机控制电路为例,说明其工作原理。如图 4-33 所示,当发动机控制单元(ECM)B8 端子检测到主电路有电压时,控制 C2 端子搭铁,A/C 继电器线圈通电,触电闭合,向压缩机离合器线圈供电,压缩机开始工作。鼓风机开关、A/C 开关、温控开关、低压开关和高压开关的控制主电路的通断。

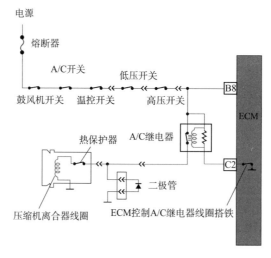

图 4-33 空调压缩机离合器控制电路原理

二、空调系统检修工具设备知识

1. 歧管压力表

如图 4-34 所示,歧管压力表红色组件与制冷系统的高压管路连接,蓝色组件与低压管路连接,中间黄色接头和软管可根据需要与真空泵或制冷剂罐连接。

利用歧管压力表可以进行抽真空、加注制冷剂和诊断空调系统故障等操作,具体见表 4-33。

歧管压力表的功能　　　　　　　　　　　　　　　　　　　　　　表 4-33

序号	操作	压力表状态和功能
1	低压阀关闭,高压阀关闭	高低压侧分别与高低压压力表相同通,可检测制冷系统高低压侧压力
2	低压阀打开,高压阀开启	高低压侧、中间软管和压力表均相通,可进行抽真空
3	低压阀打开,高压阀关闭	高低压侧分别与高低压压力表相同通,低压侧与中间软管相通,可从低压侧加注制冷剂
4	低压阀关闭,高压阀打开	高低压侧分别与高低压压力表相同通,高压侧与中间软管相通,可从高压侧加注制冷剂

2. 制冷剂回收加注机

制冷剂回收加注机是汽车空调系统检修的专用设备,如图 4-35 所示。利用制冷剂回收加注机可以进行回收和加注制冷剂等操作。回收制冷剂时,先进行排气,再根据设备提示连接管路接头,设置回收量。排油净化后,用制冷剂鉴别仪检测回收后的制冷剂纯度,必要时记录排油量。加注制冷剂时,先进行抽真空,然后保压检漏。通过油瓶液面变化确定制冷剂补充量。打开高压阀,关闭低压阀,设置充注量。充注完成后,关闭阀门,拆下连接管路接头,清理管路。

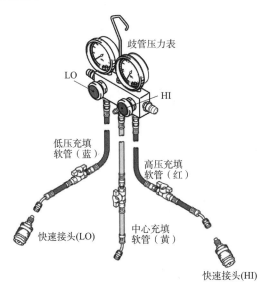

图 4-34　汽车空调歧管压力表　　　　　　图 4-35　制冷剂回收加注机

一、实训资源

(1)实训场地:维修工位 1 个。

(2)实训车辆:轿车1辆或实训台架。

(3)工具耗材与设备:护目镜1幅,手套1双,万用表1个,百分表1支(带磁座),温度计1支,湿度计1支,歧管压力表1个,制冷剂回收加注机1台,汽车机修组合工具1套,制冷剂1罐,冷冻机油1罐,12V蓄电池1台,导线若干,空调压缩机1个,热力膨胀阀1个,储液干燥过滤器1个,冷凝器1个,暖风控制水阀1个,鼓风机1个。

二、安全注意事项

(1)操作人员应穿戴工作服和工作鞋,必要时佩戴的护目镜和手套。

(2)使用歧管压力表和制冷剂回收加注机时,遵守设备操作规程。

(3)不要将制冷剂直接排入环境中,小心被制冷剂冻伤。

三、操作过程

1. 检查空调压缩机电磁离合器

检查空调压缩机电磁离合器操作方法及说明见表4-34。

检查空调压缩机电磁离合器操作方法及说明　　　　　表4-34

步　骤	操作方法及说明	质量标准及记录
1. 检查电磁离合器外观	(1)目视检查电磁离合器轴承处有无漏油,运转后有无异常噪声,轴承有无明显的松旷; (2)目视检查压板和传动带轮摩擦表面是否翘曲变形,是否存在过热和打滑而引起的剐损痕迹	□轴承处无漏油、噪声、松旷等异常 □工作面无变形、过热等异常
2. 测量电磁离合器线圈电阻	检测电磁线圈接线端子与搭铁之间的电阻	□正确使用万用表 □20℃时,线圈电阻一般为$(3.7\pm0.2)\Omega$
3. 测量电磁离合器工作间隙	(1)利用蓄电池向电磁离合器线圈提供12V直流电; (2)用百分表测量电磁离合器压力板与传动带轮之间的间隙	□正确使用百分表 □压力板与传动带轮之间的间隙一般为0.3~0.6mm
4. 完工整理	工具、设备、场地整理和复位	□按5S要求整理

2.检查空调制冷循环系统技术状况

检查空调制冷循环系统技术状况操作方法及说明见表4-35。

检查空调制冷循环系统技术状况操作方法及说明　　　　表4-35

步　骤	操作方法及说明	质量标准及记录
1.工作准备	(1)个人防护:穿工作服、工作鞋; (2)检查所需的实训设备、工具、资料等; (3)车辆防护:安装车轮挡块、安装尾气收集装置、铺设车辆护件、拉紧驻车制动器、确认变速器换挡杆位于P挡; (4)检查机油、冷却液、制动液和蓄电池电压是否正常	□个人防护用品穿戴正确 □设备、工具和资料等齐全、完好 □车辆停放可靠,防护件安装正确 □油液正常,蓄电池静态电压高于12V
2.直观检查制冷系统工作情况	(1)起动发动机至正常工作温度,打开所有车窗和车门; (2)打开空调,温度调至最低,风量调至最大,按下A/C开关,空气循环调至外循环,发动机的转速稳定为1500r/min; (3)打开发动机舱,观察制冷剂填充量; 充填过量　　　适量　　　充填不足 (4)观察制冷系统管路运行状况	□正确设置车辆状态 □制冷剂填充适量 □低压管路有水分凝结
3.检查制冷系统管路压力	(1)连接歧管压力表; (2)起动发动机至正常工作温度,打开所有车窗和车门; (3)打开空调,温度调至最低,风量调至最大,按下A/C开关,空气循环调至外循环,发动机的转速稳定为1500r/min; (4)读取高低压管路压力,判断是否正常	□正确使用歧管压力表 □正确设置车辆状态 □正确判断管路压力状况。标准值:低压侧为0.15~0.25MPa,高压侧为1.37~1.57MPa

续上表

步骤	操作方法及说明	质量标准及记录
4.制冷系统性能测试	(1)起动发动机至正常工作温度,打开所有车窗和车门; (2)打开空调,温度调至最低,风量调至最大,按下 A/C 开关,空气循环调至外循环,发动机的转速稳定为 1500r/min; (3)测量进风口温度和湿度,出风口温度; (4)读取进风口和出风口温度差,进气口相对湿度,按标准表格判断空调制冷系统性能状况。 注意:进气口温度为 30～35℃时,结果才准确	□ 正确使用温度计和湿度计 □ 正确设置车辆状态 □ 正确判断空调制冷系统性能状况
5.完工整理	车辆、工具、设备、场地整理和复位	□ 按5S要求整理

3.检查、更换制冷系统各组件

检查、更换制冷系统各组件操作方法及说明见表4-36。

检查、更换制冷系统各组件操作方法及说明　　　　　　表4-36

步骤	操作方法及说明	质量标准及记录
1.检查膨胀阀	(1)将歧管压力表接入制冷系统; (2)在制冷剂量充足、发动机怠速条件下,开启空调; (3)检查低压侧压力	□ 低压侧压力正常范围为0.15～0.25MPa,否则膨胀阀失效
2.更换膨胀阀	(1)拆卸:回收制冷剂→松开安装螺栓→拆下制冷管路→取出膨胀阀; (2)安装:更换新的O形密封圈→安装膨胀阀和制冷管路→添加制冷剂→检漏	□ 正确拆卸 □ 安装牢固,零件无损坏,无泄漏 □ 更换后,制冷系统工作正常

续上表

步 骤	操作方法及说明	质量标准及记录
3.检查储液干燥过滤器	(1)目视检查储液干燥过滤器外观; (2)在制冷剂量充足、发动机怠速条件下,开启空调; (3)用手触摸储液干燥过滤器进出口端,若存在较大温差,则储液干燥过滤器失效	□外观无破损和泄漏痕迹 □工作时进出口无明显温差
4.更换储液干燥过滤器	(1)拆卸:回收制冷剂→拆下冷凝器→拆下储液干燥过滤器盖→拆下卡簧和密封圈→拆下储液干燥过滤器; (2)安装:安装储液干燥过滤器→更换卡簧和密封圈→安装储液干燥过滤器盖→添加制冷剂→检漏	□正确拆卸 □安装牢固,零件无损坏,无泄漏 □更换后,制冷系统工作正常
5.检查冷凝器	目视检查冷凝器外观,应无变形、破损、脏污和泄漏等异常情况	□冷凝器外观正常
6.更换冷凝器	(1)拆卸:回收制冷剂→拆下前保险杠蒙皮→拆下进出口管路→拆下冷凝器; (2)安装:安装冷凝器→安装进出口管路,更换密封圈→安装前保险杠蒙皮→添加制冷剂→检漏	□正确拆卸 □安装牢固,零件无损坏,无泄漏 □更换后,制冷系统工作正常
7.完工整理	车辆、工具、设备、场地整理和复位	□按5S要求整理

4.更换暖风水阀和鼓风机

更换暖风水阀和鼓风机操作方法及说明见表4-37。

更换暖风水阀和鼓风机操作方法及说明 表4-37

步 骤	操作方法及说明	质量标准及记录
1.更换暖风水阀	(1)拆卸:回收冷却液→拆下拉线或断开线束连接器→拆下进出水管→取下暖风控制水阀;	□正确拆卸

续上表

步骤	操作方法及说明	质量标准及记录
1. 更换暖风水阀	(2)安装：安装暖风控制水阀→安装进出水管→安装拉线或连接线束连接器→添加冷却液→打开暖风系统→检查暖风系统工作情况	□安装牢固，零件无损坏，无泄漏 □更换后，暖风系统工作正常
2. 更换鼓风机	(1)拆卸：拆下杂物箱及附件→断开线束连接器→拆下鼓风机； (2)安装：安装鼓风机→连接线束连接器→安装杂物箱及附件→打开鼓风机，检查鼓风机各挡位工作情况	□正确拆卸 □安装牢固，零件无损坏 □更换后，鼓风机各挡位工作正常
3. 完工整理	车辆、工具、设备、场地整理和复位	□按 5S 要求整理

任务评价

空调系统检修考核评分记录见表 4-38。

空调系统检修考核评分记录表　　　　表 4-38

类别	序号	项目	考核内容及要求	配分	评分标准(各项配分扣完为止)	得分
专业知识 (20分)	1	制冷系统的组成	正确叙述制冷系统的组成	5	能回答问题，但回答不完整，按比例扣分；不能回答，扣 5 分	
	2	取暖系统的组成	正确叙述取暖系统的组成	5	能回答问题，但回答不完整，按比例扣分；不能回答，扣 5 分	
	3	通风系统的组成	正确叙述通风系统的组成	5	能回答问题，但回答不完整，按比例扣分；不能回答，扣 5 分	
	4	汽车空调控制电路相关知识	正确叙述汽车空调电路原理	5	能回答问题，但回答不完整，按比例扣分；不能回答，扣 5 分	

续上表

类别	序号	项目	考核内容及要求	配分	评分标准(各项配分扣完为止)	得分
操作技能 (80分)	1	劳保用品穿戴	劳保用品穿戴齐全	5	穿戴不全,不得分	
	2	选用工具、设备、材料	选用工具、设备、材料齐全准确	5	缺一件,扣1分;选错一件,扣1分	
	3	工作准备	准备项目齐全	5	准备不充分一项,扣2.5分	
	4	检查空调压缩机电磁离合器	正确检查空调压缩机电磁离合器	15	方法错误,扣15分;未完成,扣7.5分	
		检查空调制冷循环系统技术状况	正确检查空调制冷循环系统技术状况	10	方法错误,扣10分;未完成,扣5分	
		检查、更换制冷系统各组件(膨胀阀、冷凝器、储液干燥过滤器)	正确检查、更换制冷系统各组件(膨胀阀、冷凝器、储液干燥过滤器)	10	方法错误,扣10分;未完成,扣5分	
		更换暖风水阀和鼓风机	正确更换暖风水阀和鼓风机	10	方法错误,扣10分;未完成,扣5分	
	5	使用工具、设备、材料	工具、设备使用正确	5	工具、设备、材料使用不正确,一种扣2分	
					损坏、丢失任意一件工具,不得分	
	6	操作规程	操作规程执行情况	10	违反操作规程,不得分	
	7	清理现场(5S管理)	清理、擦洗并回收工具和设备	5	少收一件工具、设备,扣1分	
		分数总计		100	最终得分	

考核员签字:_____   日期:_____年___月___日

任务10 充电、起动系统单个故障诊断排除(三级)

▶ 建议学时:4学时

考核要求

一、知识要求

1.掌握充电系统故障诊断方法。
2.掌握起动系统故障诊断方法。

二、技能要求

1.能诊断排除充电系统故障。

2.能诊断排除起动系统故障。

任务准备

一、充电系统故障诊断

1.电路原理图

充电系统电路主要由蓄电池、熔断器、点火开关、充电指示灯、IC电压调节器、交流发电机和导线等组成,如图4-36所示。B端子是发电机电流输出端,IG端子是IC电压调节器工作电源,L端子是充电指示灯端子,S端子是IC电压调节器监测蓄电池电压。

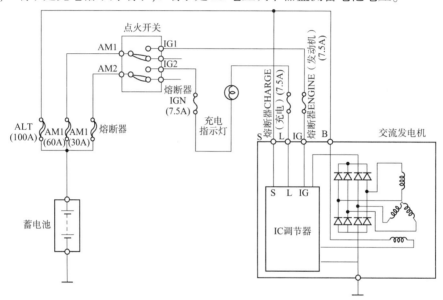

图4-36 充电系统电路原理图

2.故障现象

充电系统的故障现象主要有发电机不发电、充电电流过小、充电电流过大等。

3.故障原因分析

发电机不发电故障原因有发电机传动带断裂或严重打滑、充电系统电路断路或短路、发电机故障等。充电电流过小故障原因有发电机传动带打滑、充电系统电路松动或者接触不良、发电机故障、IC电压调节器故障等。充电电流过大故障通常是由IC调节器故障引起的。

4.故障诊断流程

充电系统故障诊断流程如图4-37所示,诊断排除时应遵循"先易后难、先外后内"的原则,逐一排查检修。

二、起动系统故障诊断

1.电路原理图

起动系统电路主要由蓄电池、熔断器、点火开关、自动变速器驻车挡/空挡位置开关(P/N开关)、手动变速器离合器踏板开关、起动继电器、起动机和发动机控制模块(ECM)等组成,如图4-38所示。

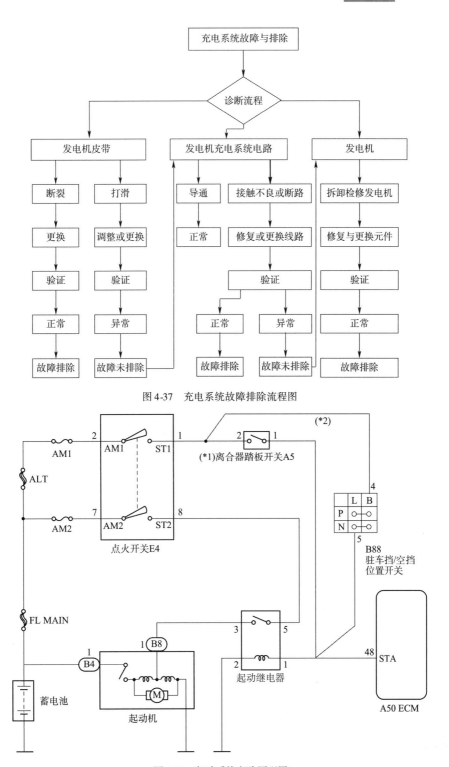

图 4-37 充电系统故障排除流程图

图 4-38 起动系统电路原理图

2. 故障现象

起动系统的故障现象主要有起动机不运转、起动机转动无力、起动机空转等。

3. 故障原因分析

起动机不运转故障原因有蓄电池电量低、起动系统电路断路或接触不良、起动机故障等。起动机转动无力故障原因有蓄电池电量低、起动系统电路松动或者接触不良、发电机故障和IC电压调节器故障等。起动机空转故障原因有驱动齿轮或飞轮齿圈磨损严重、起动机单向离合器打滑等。

4. 故障诊断流程

起动系统故障诊断流程如图4-39所示,诊断排除时应遵循"先易后难、先外后内"的原则,逐一排查检修。

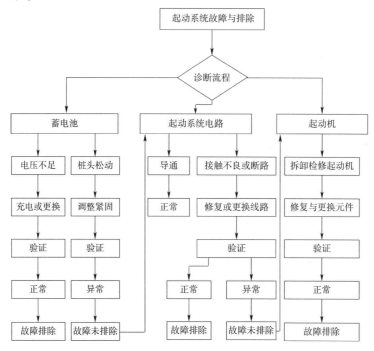

图4-39 起动系统故障排除流程

任务实施

一、实训资源

(1) 实训场地:维修工位1个。
(2) 实训车辆:轿车1辆或实训台架。
(3) 工具耗材与设备:维修手册(节选)1本,工作台1个,常用工具1套,车辆护件1套,充电机1个,数字万用表1个,测试灯1个,测试线若干等。

二、安全注意事项

(1) 起动前,检查确认安装车轮挡块、拉紧驻车制动器、变速器换挡杆位于P挡,确保安全后才能起动车辆。
(2) 进行电路相关的检测时,防止出现短路。

(3) 正确使用工量具，零部件合理分类摆放在工作台上，做好过程中 5S 管理。

三、操作过程

1. 诊断排除充电系统故障

诊断排除充电系统故障操作方法及说明见表 4-39。

诊断排除充电系统故障操作方法及说明　　　　　表 4-39

步　骤	故障诊断排除方法及说明	质量标准及记录
1. 诊断排除发电机不发电故障	(1) 检查发电机传动带张紧度。 偏移 张紧力 (2) 检查充电系统线路。 ①检查充电系统熔断器是否正常； ②检查发电机输出端子 B＋至蓄电池正极线束接触是否良好； ③关闭点火开关，断开发电机端子，分别测量发电机线束端子 B、端子 S 与搭铁之间电压值； ④测量发电机线束端子 IG 与搭铁之间电压值。 (3) 检修发电机。 检修发电机的内容和方法，参考项目三任务 3	□传动带张紧度正常 □充电系统线路正常 □发电机正常
2. 诊断排除充电电流过小故障	(1) 检查发电机传动带张紧度。 (2) 检查充电系统线路。 ①检查发电机输出端子 B＋至蓄电池正极线束接触是否良好； ②关闭点火开关，断开发电机端子，分别测量发电机线束端子 B、端子 S 与搭铁之间电压值； ③测量发电机线束端子 IG 与搭铁之间电压。 (3) 检修发电机。 检修发电机的内容和方法，参考项目三任务 3	□传动带张紧度正常 □充电系统线路正常 □发电机正常
3. 诊断排除充电电流过大故障	解体发电机，更换 IC 电压调节器 散热片 混合 IC（内侧） IG L　S 蓄电池感应型 IG L 发电机感应型	□IC 电压调节器能调节发电机输出稳定范围的电压值

2.诊断排除起动系统故障

诊断排除起动系统故障操作方法及说明见表4-40。

诊断排除起动系统故障操作方法及说明　　　　　表4-40

步骤	故障诊断排除方法及说明	质量标准及记录
1.诊断排除起动机不运转故障	(1)检查蓄电池连接情况和性能状况。 检查蓄电池的内容和方法,参考项目三任务1。 (2)区分起动线路与起动机本身故障:拉紧驻车制动器、汽车挂入P挡,短接起动机30与50,检查起动机运转情况。 (3)检测起动系统控制元件。 ①检测起动系统相关熔断器; ②检测空挡/驻车挡位置开关(自动变速器); ③检测离合器踏板开关(手动变速器); ④检测起动继电器。 (4)检测起动系统线路。 ①检测蓄电池正极至起动机30端子电路; ②检测起动机50端子控制线路; ③检测蓄电池搭铁情况。 (5)检修起动机总成。 检修起动机总成的内容和方法,参考项目三任务2	□蓄电池桩头无腐蚀、松动,接触牢固,搭铁良好 □蓄电池性能状态良好,静态电压大于12.6V □短接起动机30与50端子,驱动小齿轮伸出,起动机运转正常 □起动系统相关熔断器正常 □空挡/驻车挡位置开关正常(自动变速器) □离合器踏板开关正常(手动变速器) □起动继电器正常 □起动线路正常 □起动机总成正常
2.诊断排除起动机运转无力故障	(1)检查蓄电池连接情况和性能状况。 检查蓄电池的内容和方法,参考项目三任务1。 (2)区分起动线路与起动机本身故障:拉紧驻车制动器、汽车挂入P挡,短接起动机30与50,检查起动机运转情况。 (3)检测起动系统线路。 ①检测蓄电池正极至起动机30端子电路; ②检测蓄电池搭铁情况。 (4)检修起动机总成。 检修起动机总成的内容和方法,参考项目三任务2	□蓄电池桩头无腐蚀、松动,接触牢固,搭铁良好 □蓄电池性能状态良好,静态电压大于12.6V □短接起动机30与50端子,驱动小齿轮伸出,起动机运转正常 □起动线路正常 □起动机总成正常
3.诊断排除起动机空转故障	(1)如起动机转速较快但无碰齿声音,检查起动机单向离合器锁止情况。 (2)如有严重碰擦齿轮的声音,拆卸起动机,检查起动机驱动小齿轮和飞轮齿圈磨损情况	□单向离合器顺时针应能自由转动,逆时针锁止 □起动机驱动小齿轮与飞轮齿圈应无明显磨损

项目四 汽车电器检修

充电、起动系统单个故障诊断排除考核评分记录见表4-41。

充电、起动系统单个故障诊断排除考核评分记录表　　表4-41

类别	序号	项目	考核内容及要求	配分	评分标准（各项配分扣完为止）	得分
专业知识 (20分)	1	充电系统故障现象与原因分析	正确叙述充电系统故障现象,分析故障原因	10	能回答问题,但回答不完整,按比例扣分;不能回答,扣10分	
	2	起动系统故障现象与原因分析	正确叙述起动系统故障现象,分析故障原因	10	能回答问题,但回答不完整,按比例扣分;不能回答,扣10分	
操作技能 (80分)	1	劳保用品穿戴	劳保用品穿戴齐全	5	穿戴不全,不得分	
	2	选用工具、设备、材料	选用工具、设备、材料齐全准确	5	缺一件,扣1分;选错一件,扣1分	
	3	工作准备	准备工作齐全	5	准备不充分一项,扣2.5分	
	4	诊断排除充电系统故障	正确描述充电系统故障现象,诊断思路清晰,方法正确	20	方法错误,扣20分;未完成,扣10分	
		诊断排除起动系统故障	正确描述起动系统故障现象,诊断思路清晰,方法正确	25	方法错误,扣25分;未完成,扣12.5分	
	5	使用工具、设备、材料	工具、设备使用正确	5	工具、设备、材料使用不正确,一种扣2分	
					损坏、丢失一件工具,不得分	
	6	操作规程	操作规程执行情况	10	违反操作规程,不得分	
	7	清理现场 (5S管理)	清理、擦洗并回收工具和设备	5	少收一件工具、设备,扣1分	
		分数总计		100	最终得分	

考核员签字:_____　　　　　　　　　日期:_____年___月___日

任务11　照明、信号及仪表单个故障诊断排除（三级）

▶ 建议学时:4学时

一、知识要求

1.掌握照明系统故障诊断方法。

177

2.掌握信号系统故障诊断方法。
3.掌握仪表系统故障诊断方法。

二、技能要求

1.能诊断排除照明系统电路故障。
2.能诊断排除信号系统电路故障。
3.能诊断排除仪表系统电路故障。

任务准备

照明、信号和仪表系统电路较多,但其结构原理、故障诊断思路和排除方法大体相同,学习时应做到举一反三、触类旁通。本任务以前照灯及远光指示灯、倒车灯、转向信号和应急警告灯电路为例,介绍照明、信号及仪表单个故障诊断排除方法。

1.电路原理图

图4-40为前照灯及远光指示灯、倒车灯电路。前照灯及远光指示灯电路主要由蓄电池、熔断丝、点火开关、组合开关、左右前照灯(近光/远光)、远光指示灯和导线等组成,倒车灯电路主要由蓄电池、熔断器、点火开关、继电器、倒车灯开关、左右倒车灯和导线等组成。

转向信号和应急警告灯电路主要由蓄电池、熔断器、点火开关、继电器、闪光继电器、转向信号开关、应急开关、转向信号灯、转向信号指示灯和导线等组成,如图4-41所示。

2.故障现象

照明、灯光信号系统常见故障主要有灯光不亮、灯光亮度不够、灯光单侧不亮、灯泡经常烧坏等。

仪表系统常见的故障现象有仪表背景灯不亮、仪表背景灯亮度无法调节、仪表不显示、仪表显示不准等。

3.故障原因分析

照明、灯光信号系统故障常见原因有供电故障、熔断器烧断、灯泡烧坏、灯光开关损坏、线路故障等。

仪表系统常见故障原因有电源供电故障、熔断器烧断、相关传感器或开关损坏、线路故障等。

4.故障诊断流程

照明、信号及仪表系统故障诊断流程基本相同,如图4-42所示。诊断排除时应遵循"先易后难、先外后内"原则,逐一排查检修。

任务实施

一、实训资源

(1)实训场地:维修工位1个。
(2)实训车辆:轿车1辆或实训台架。

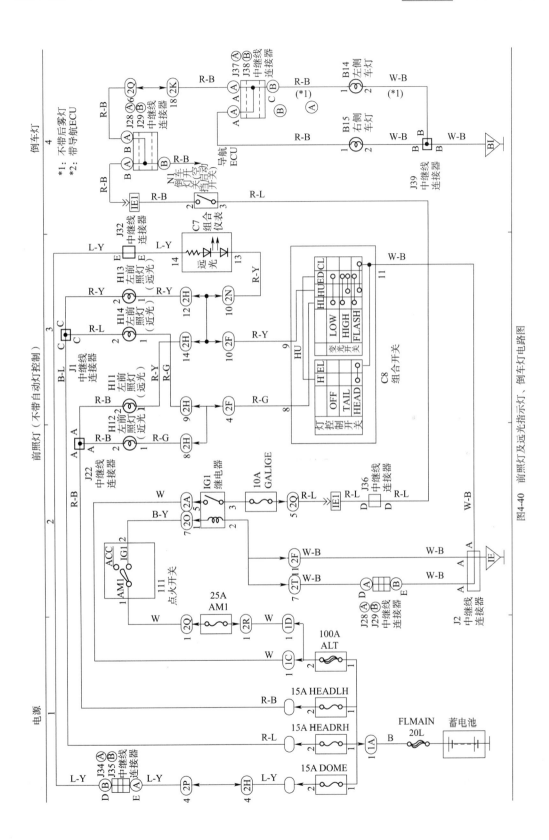

图4-40 前照灯及远光指示灯、倒车灯电路图

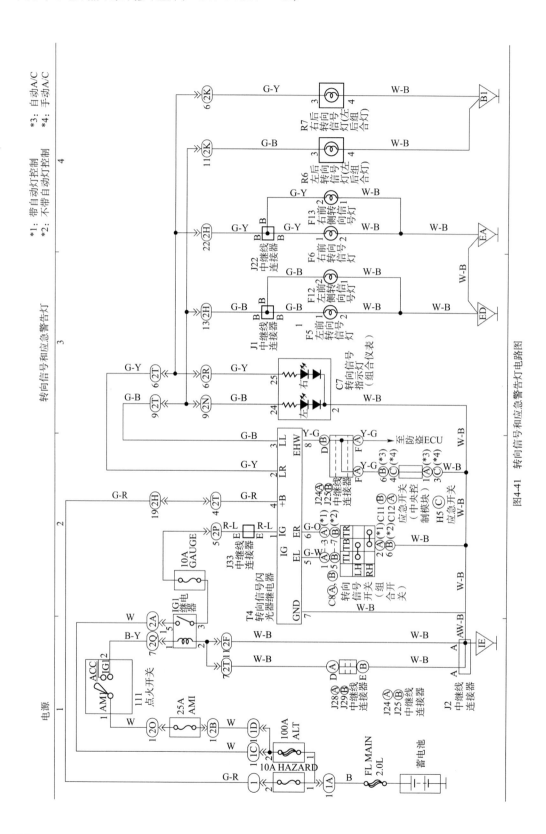

图4-41 转向信号和应急警告灯电路图

(3)工具耗材与设备:维修手册(节选)1本,工作台1个,常用工具1套,车辆护件1套,充电机1个,数字万用表1个,测试灯1个,测试线若干等。

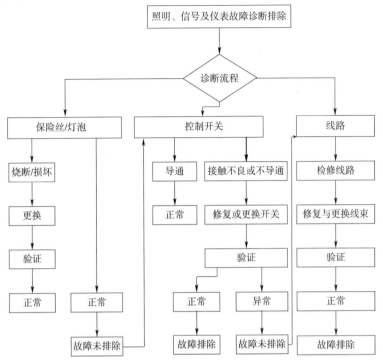

图 4-42 照明、信号及仪表系统故障诊断与排除流程

二、安全注意事项

(1)起动前,检查确认已安装车轮挡块、拉紧驻车制动器、变速器换挡杆位于 P 挡,确保安全后才能起动车辆。

(2)进行电路相关的检测时,防止出现短路。

(3)正确使用工量具,零部件合理分类摆放在工作台上,做好过程中 5S 管理。

三、操作过程

1. 诊断排除照明系统故障

以前照灯为例,诊断排除照明系统故障操作方法及说明见表 4-42。

诊断排除前照灯故障操作方法及说明　　　　表 4-42

步骤	操作方法及说明	质量标准及记录
1.诊断排除前照灯(近光/远光)不亮故障	(1)若其他电器设备如喇叭不工作,检查蓄电池电压; (2)检查前照灯熔断器; (3)检测前照灯灯泡; (4)检测灯光组合开关;	□蓄电池静态电压大于12V □前照灯熔断器正常 □前照灯灯丝导通 □灯光组合开关拨至相应位置,相应针脚应导通

续上表

步骤	操作方法及说明	质量标准及记录
1. 诊断排除前照灯(近光/远光)不亮故障	(5)检测前照灯线路： ①检测蓄电池正极至灯光组合开关线路导通性； ②检测灯光组合开关至搭铁线路导通性	□蓄电池正极至灯光开关线路导通，电阻小于1Ω □灯光开关线路至搭铁导通，电阻小于1Ω
2. 诊断排除前照灯(近光/远光)亮度不够故障	(1)若其他电器设备(如喇叭声音弱)存在故障，检测蓄电池静态电压是否过低； (2)检测发电机输出电压是否过低； (3)检查前照灯线路是否存在接触不良； (4)检查前照灯灯泡规格	□蓄电池静态电压大于12V □发动机输出电压为13.5~15.1V □线路接触良好，牢固 □前照灯灯泡规格正确
3. 诊断排除前照灯(近光/远光)单侧不亮故障	(1)检查异常侧前照灯熔断器； (2)检查异常侧前照灯灯泡； (3)检测异常侧前照灯光线路： ①检测蓄电池至灯泡线路导通性； ②检测灯泡至组合开关线路导通性	□异常侧前照灯熔断器正常 □异常侧前照灯灯泡正常 □异常侧前照灯线路正常
4. 诊断排除照明、信号灯泡经常烧断故障	(1)检查前照灯灯泡规格是否正确； (2)检查发电机输出电压是否过大	□前照灯灯泡规格正确 □发动机输出电压为13.5~15.1V

2.诊断排除信号系统故障

以转向信号灯为例,诊断排除信号系统故障操作方法及说明见表4-43。

诊断排除转向信号灯故障操作方法及说明 表4-43

步骤	操作方法及说明	质量标准及记录
1.诊断排除转向信号灯均不亮故障	(1)若其他电器设备(如喇叭)不工作,检查蓄电池电压; (2)检查转向信号灯熔断器; (3)检测闪光继电器; (4)检测转向信号灯开关; (5)检测闪光继电器线路: ①检测闪光继电器供电线路; ②检测闪光继电器搭铁电路; ③检测转向信号开关至闪光继电器线路; ④检测闪光继电器至转向信号灯电路。 (6)检测转向信号灯灯泡	□蓄电池静态电压大于12V □转向信号灯熔断器正常 □闪光器正常 □转向信号灯开关正常 □闪光继电器相关线路正常 □转向信号灯灯泡正常
2.诊断排除转向信号灯亮度不够故障	(1)若其他电器设备(如喇叭声音弱)存在故障,检测蓄电池静态电压是否过低; (2)检测发电机输出电压是否过低; (3)检查转向信号灯线路是否存在接触不良; (4)检查转向信号灯灯泡规格	□蓄电池静态电压大于12V □发动机输出电压为13.5~15.1V □线路接触良好,牢固 □转向信号灯灯泡规格正确
3.诊断排除单侧或单个转向信号灯不亮故障	(1)若单侧转向信号灯不亮: ①检查转向信号信号灯开关; ②检查闪光继电器; ③检查闪光继电器至不亮一侧线路是否断路。 (2)若单个转向信号灯不亮: ①检测该转向信号灯灯泡供电线路; ②检测该转向信号灯灯泡搭铁线路; ③检测该转向信号灯灯泡	□转向信号开关正常,闪光继电器正常,线路正常 □转向信号灯灯泡供电线路正常,搭铁线路正常,灯泡正常
4.诊断排除转向信号灯灯泡经常烧断故障	(1)检查转向信号灯灯泡规格是否正确; (2)检查发电机输出电压是否过大	□转向信号灯灯泡规格正确 □发动机输出电压为13.5~15.1V

3. 诊断排除仪表系统故障

诊断排除仪表系统故障操作方法及说明见表4-44。

诊断排除仪表系统故障操作方法及说明　　　　　　表4-44

步　骤	故障诊断排除方法及说明	质量标准及记录
1. 诊断排除组合仪表不显示故障	(1)检查组合仪表熔断器； (2)检查组合仪表供电线路； (3)检查组合仪表搭铁线路； (4)检查组合仪表通信线路； (5)以上检查均正常,说明组合仪表本身有故障	□组合仪表熔断器正常 □组合仪表供电、搭铁、通信线路正常 □组合仪表正常
2. 诊断排除组合仪表显示不准故障	(1)检查组合仪表供电电压； (2)检查相关传感器和开关； (3)检查组合仪表至相关传感器、开关之间的线路； (4)检查相关传感器、开关和搭铁之间的线路； (5)检查组合仪表通信线路； (6)以上检查均正常,说明组合仪表本身有故障	□组合仪表供电电压为13.5~15.1V □组合仪表相关传感器和开关正常 □组合仪表至相关传感器、开关之间的线路正常 □相关传感器、开关和搭铁之间的线路正常 □组合仪表通信正常 □组合仪表正常

任务评价

照明、信号及仪表系统单个故障诊断排除考核评分记录见表4-45。

照明、信号及仪表系统单个故障诊断排除考核评分记录表　　　　　　表4-45

类别	序号	项　　目	考核内容及要求	配分	评分标准(各项配分扣完为止)	得分
专业知识 (20分)	1	照明系统故障现象与原因分析	正确叙述充电系统故障现象,分析故障原因	5	能回答问题,但回答不完整,按比例扣分;不能回答,扣5分	
	2	信号系统故障现象与原因分析	正确叙述起动系统故障现象,分析故障原因	5	能回答问题,但回答不完整,按比例扣分;不能回答,扣5分	
	3	仪表系统故障现象与原因分析	正确叙述仪表系统故障现象,分析故障原因	5	能回答问题,但回答不完整,按比例扣分;不能回答,扣5分	
	4	照明、信号及仪表系统故障诊断流程	正确叙述照明、信号及仪表系统故障诊断流程	5	能回答问题,但回答不完整,按比例扣分;不能回答,扣5分	
操作技能 (80分)	1	劳保用品穿戴	劳保用品穿戴齐全	5	穿戴不全,不得分	
	2	选用工具、设备、材料	选用工具、设备、材料齐全准确	5	缺一件,扣1分;选错一件,扣1分	
	3	工作准备	准备工作齐全	5	准备不充分一项,扣2.5分	

续上表

类别	序号	项目	考核内容及要求	配分	评分标准(各项配分扣完为止)	得分
操作技能 (80分)	4	诊断排除照明系统故障	正确描述照明系统故障现象,诊断思路清晰,方法正确	20	方法错误,扣20分;未完成,扣10分	
		诊断排除信号系统故障	正确描述信号系统故障现象,诊断思路清晰,方法正确	15	方法错误,扣15分;未完成,扣7.5分	
		诊断排除仪表系统故障	正确描述仪表系统故障现象,诊断思路清晰,方法正确	10	方法错误,扣10分;未完成,扣5分	
	5	使用工具、设备、材料	工具、设备使用正确	5	工具、设备、材料使用不正确,一种扣2分	
					损坏、丢失一件工具,不得分	
	6	操作规程	操作规程执行情况	10	违反操作规程,不得分	
	7	清理现场(5S管理)	清理、擦洗并回收工具和设备	5	少收一件工具、设备,扣1分	
		分数总计		100	最终得分	

考核员签字:_____ 日期:_____年___月___日

任务12 辅助电器系统单个故障诊断排除(三级)

▶ 建议学时:4学时

考核要求

一、知识要求

1. 掌握刮水系统故障诊断方法。
2. 掌握电动车窗系统故障诊断方法。
3. 掌握电动后视镜系统故障诊断方法。
4. 掌握电动座椅系统故障诊断方法。
5. 掌握中控门锁系统故障诊断方法。

二、技能要求

1. 能诊断排除刮水系统故障。
2. 能诊断排除电动车窗系统故障。
3. 能诊断排除电动后视镜系统故障。
4. 能诊断排除电动座椅系统故障。

5. 能诊断排除中控门锁系统故障。

一、刮水系统故障诊断

1. 电路原理图

前刮水器和清洗器电路主要由电源、熔断器、点火开关、刮水器开关（含前刮水器开关和前清洗器开关）、前刮水器电动机、前清洗器喷水电动机和导线等组成，如图4-43所示。

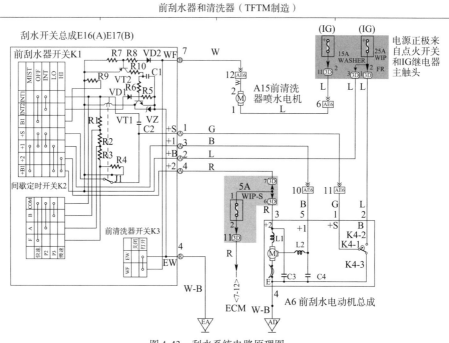

图4-43 刮水系统电路原理图

2. 故障现象

刮水系统故障现象有高速、低速、点动、间歇等挡位不运行，刮水器不能自动复位、不能喷水等。

3. 故障原因分析

刮水系统故障原因主要有电源故障、控制开关损坏、相关线路故障、负载电机损坏等。

二、电动车窗系统故障诊断

1. 电路原理图

电动车窗系统电路主要由电源、熔断器、点火开关、继电器、电动车窗开关、电动车窗电机和导线等组成，如图4-44所示。

2. 故障现象

电动车窗系统故障现象有驾驶人侧车窗玻璃不能上升、不能下降或不能上升和下降，各乘员车窗玻璃不能上升、不能下降或不能上升和下降。

3. 故障原因分析

电动车窗系统故障原因主要有电源故障、控制开关损坏、相关线路故障、负载电机损坏等。

项目四 汽车电器检修

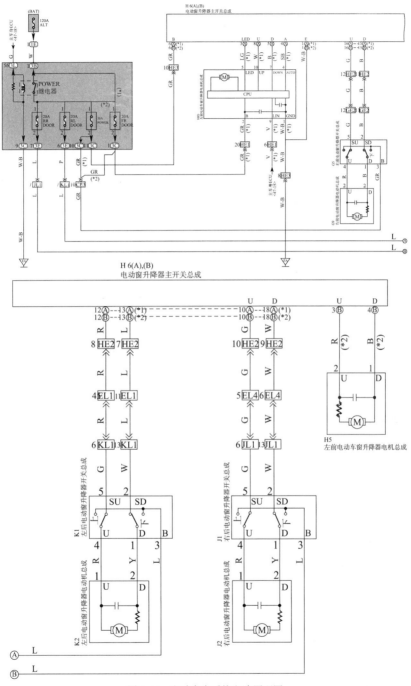

图 4-44 电动车窗系统电路原理图

三、电动后视镜系统故障诊断

1.电路原理图

电动后视镜系统电路主要由电源、熔断器、点火开关、电动后视镜开关、电动后视镜电机等组成,如图 4-45 所示。

187

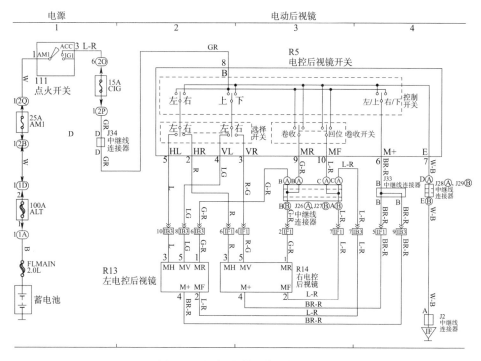

图 4-45 电动后视镜系统电路原理图

2. 故障现象

电动后视镜系统故障现象有左侧后视镜(L)不能上移、下移或不能左移、右移,右侧后视镜(R)不能上移、下移或不能左移、右移。带有收卷功能的后视镜,还有可能出现无法收卷等故障。

3. 故障原因分析

电动后视镜系统故障原因主要有电源故障、控制开关损坏、相关线路故障、负载电机损坏等。

四、电动座椅系统故障诊断

1. 电路原理图

电动座椅系统电路主要由电源、熔断器、电动座椅开关、电动座椅位置电机和线路等组成,如图 4-46 所示。

2. 故障现象

电动座椅系统故障现象有座椅不能向前、后移动或不能向前和后移动,座椅不能上升、下降或不能上升和下降,座椅不能向前倾、后倾或不能向前倾和后倾等。

3. 故障原因分析

电动座椅系统故障原因主要有电源故障、控制开关损坏、相关线路故障、负载电机损坏等。

五、中控门锁系统故障诊断

1. 电路原理图

中控门锁系统电路主要由电源、熔断器、点火开关、集成继电器、控制开关、门锁电机、报警装置和线路等组成,如图 4-47 所示。

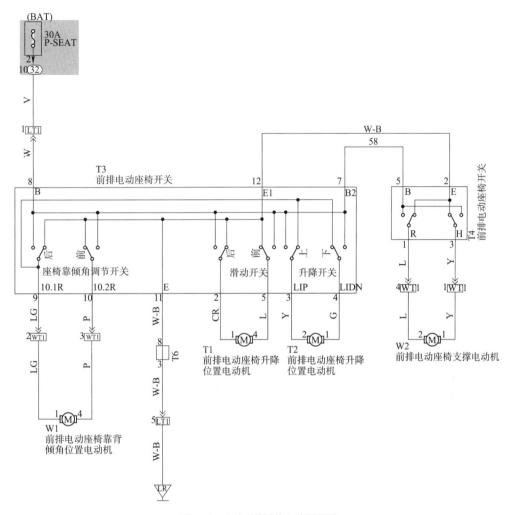

图 4-46 电动座椅系统电路原理图

2. 故障现象

中控门锁系统故障现象有钥匙或门锁控制开关开锁、锁止时,门锁(单个或多个)无法开锁、锁止等。

3. 故障原因分析

中控门锁系统故障原因主要有电源故障、集成继电器故障、控制开关损坏、相关线路故障、负载电机损坏、防盗系统故障等。

六、辅助电器系统故障诊断流程

辅助电器系统故障诊断流程基本相同,如图 4-48 所示。诊断排除时应遵循"先易后难、先外后内"原则,逐一排查检修。

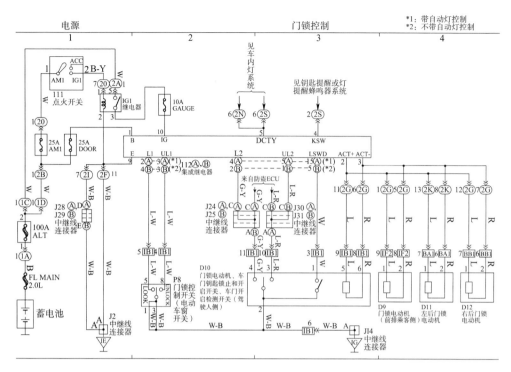

图 4-47 中控门锁系统电路原理图

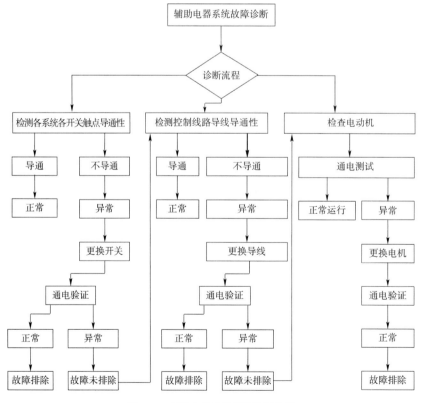

图 4-48 辅助电器系统故障诊断流程

一、实训资源

(1)实训场地:维修工位 1 个。
(2)实训车辆:轿车 1 辆或实训台架。
(3)工具耗材与设备:维修手册(节选)1 本,工作台 1 个,常用工具 1 套,车辆护件 1 套,充电机 1 个,数字万用表 1 个,测试灯 1 个,测试线若干等。

二、安全注意事项

(1)起动前,检查确认已安装车轮挡块、拉紧驻车制动器、变速器换挡杆位于 P 挡,确保安全后才能起动车辆。
(2)进行电路相关的检测时,防止出现短路。
(3)正确使用工量具,零部件合理分类摆放在工作台上,做好过程中 5S 管理。

三、操作过程

1.诊断排除刮水系统故障

诊断排除刮水系统故障操作方法及说明见表 4-46。

诊断排除刮水系统故障操作方法及说明   表 4-46

步　　骤	操作方法及说明	质量标准及记录
1.诊断排除刮水器高速挡不运行故障	(1)检测刮水器组合开关高速挡(HI)触点的导通性; (2)检测刮水器高速挡相关线路; (3)利用蓄电池为刮水器电机高速挡直接供电,检查电机高速挡运行情况 MIST-点动挡;OFF-关闭挡;INT-间歇挡;LO-低速挡;HI-高速挡 刮水器各挡位的操作	□刮水器组合开关高速挡触点导通 □刮水器高速挡相关线路正常 □直接供电时,刮水器高速挡运行

续上表

步骤	操作方法及说明	质量标准及记录
2. 诊断排除刮水器低速挡不运行故障	(1) 检测刮水器组合开关低速挡(LO)触点的导通性； (2) 检测刮水器低速挡相关线路； (3) 利用蓄电池为刮水器电机低速挡直接供电，检查电机低速挡运行情况	□刮水器组合开关低速挡触点导通 □刮水器低速挡相关线路正常 □直接供电时,刮水器低速挡运行
3. 诊断排除刮水器点动挡不运行故障	(1) 检测刮水器点动挡(MIST)触点的导通性； (2) 检测刮水器点动挡相关线路； (3) 利用蓄电池为刮水器电机点动挡直接供电，检查电机点动挡运行情况	□刮水器组合开关点动挡触点导通 □刮水器点动挡相关线路正常 □直接供电时,刮水器点动挡运行
4. 诊断排除刮水器不能自动复位故障	(1) 检测刮水器关闭挡(OFF)触点的导通性； (2) 检测刮水器关闭挡相关线路； (3) 利用蓄电池为刮水器电机低速挡直接供电，检查电机低速挡运行情况	□刮水器组合开关关闭挡触点导通 □刮水器关闭挡相关线路正常 □刮水器电机低速挡运行并自动复位
5. 诊断排除刮水器间歇挡不运行故障	(1) 检查刮水器低速挡运行情况； (2) 检查刮水器自动复位情况； (3) 检测刮水器间歇挡(INT)触点的导通性； (4) 通电检查间歇挡(INT)运行情况	□刮水器低速挡正常运行 □刮水器自动复位正常 □刮水器间歇挡触点导通 □刮水器间歇挡运行正常
6. 诊断排除喷水器不能喷水故障	(1) 检测喷水挡触点的导通性； (2) 检测喷水挡相关线路； (3) 利用蓄电池为喷水器电动直接供电,检查电动机运行情况 喷水器的操作	□喷水挡触点导通 □喷水挡相关线路正常 □喷水器电机正常运行

2. 诊断排除电动车窗系统故障

诊断排除电动车窗系统故障操作方法及说明见表4-47。

诊断排除电动车窗系统故障操作方法及说明　　　　　　　　　　　　　　表 4-47

步　骤	操作方法及说明	质量标准及记录
1. 诊断排除驾驶人侧车窗玻璃升降故障	（1）检测电动车窗主控开关上升（UP）触点和下降（DOWN）触点的导通性； （2）检测驾驶人侧车窗电机升降相关线路； （3）利用蓄电池为驾驶人侧车窗电机直接供电，检查电机正反转运行情况 驾驶人侧电动车窗的操作 1-手动上升；2-一键上升；3-手动下降；4-一键下降	□电动车窗主控开关上升触点和下降触点均导通 □驾驶人侧车窗电机升降相关线路正常 □驾驶人侧车窗电机正反转运行正常
2. 诊断排除各乘员车窗玻璃升降故障	（1）检测电动车窗主控开关上升（UP）触点和下降（DOWN）触点的导通性； （2）检测各电动车窗分控开关关闭（OFF）触点、上升（UP）触点和下降（DOWN）触点的导通性； （3）检测各乘员车窗电动机升降相关线路； （4）利用蓄电池为各乘员车窗电动机直接供电，检查电动机正反转运行情况	□电动车窗主控开关上升触点和下降触点均导通 □各电动车窗分控开关关闭触点、上升触点和下降触点均导通 □各乘员车窗电动机升降相关线路正常 □各乘员车窗电动机正反转运行正常

3. 诊断排除电动后视镜系统故障

诊断排除电动后视镜系统故障操作方法及说明见表 4-48。

诊断排除电动后视镜系统故障操作方法及说明　　　　　　　　　　　　　　表 4-48

步　骤	操作方法及说明	质量标准及记录
1. 诊断排除左侧后视镜（L）故障	（1）检测电动后视镜开关上升触点、下降触点、左移触点和右移触点的导通性； （2）检测左侧电动后视镜相关线路； （3）利用蓄电池为左侧后视镜电动机端子直接供电，检查电动机正反转（上、下、左、右）运行情况 a）选择需要调节的后视镜 1-左侧后视镜（L）；2-右侧后视镜（R）	□电动后视镜开关上升触点、下降触点、左移触点和右移触点均应导通 □左侧电动后视镜相关线路正常 □左侧后视镜电动机正反转（上、下、左、右）运行正常

续上表

步 骤	操作方法及说明	质量标准及记录
1.诊断排除左侧后视镜(L)故障	b)调节后视镜镜片位置 1-向上;2-向右;3-向下;4-向左	
2.诊断排除右侧后视镜(R)故障	(1)检测电动后视镜开关上升触点、下降触点、左移触点和右移触点的导通性; (2)检测右侧电动后视镜相关线路; (3)利用蓄电池为右侧后视镜电机直接供电,检查电机正反转(上、下、左、右)运行情况	□电动后视镜开关上升触点、下降触点、左移触点和右移触点均应导通 □右侧电动后视镜相关线路正常 □右侧后视镜电机正反转(上、下、左、右)运行正常

4.诊断排除电动座椅系统故障

诊断排除电动座椅系统故障操作方法及说明见表4-49。

诊断排除电动座椅故障操作方法及说明　　表4-49

步 骤	操作方法及说明	质量标准及记录
1.诊断排除电动座椅前后滑动调节故障	(1)检测电动座椅前后滑动开关按下(前)触点、按下(后)触点和关闭(OFF)状态的导通性; (2)检测电动座椅前后滑动调节相关线路; (3)利用蓄电池为座椅前后滑动调节电机直接供电,检查电机正反转(向前、向后)运行情况 电动座椅的操作 1-前后滑动调节;2-靠背角度调节;3-升降调节;4-腰部支撑调节	□电动座椅前后滑动开关按下(前)触点、按下(后)触点和关闭(OFF)状态触点均导通 □电动座椅前后滑动调节相关线路正常 □座椅前后滑动调节电机正反转(向前、向后)运行正常

续上表

步骤	操作方法及说明	质量标准及记录
2.诊断排除电动座椅升降调节故障	(1)检测电动座椅升降开关按下(上)触点、按下(下)触点和关闭(OFF)状态的导通性; (2)检测电动座椅升降调节相关线路; (3)利用蓄电池为座椅升降调节电机直接供电,检查电机正反转(上升、下降)运行情况	□电动座椅升降开关按下(上)触点、按下(下)触点和关闭(OFF)状态触点均导通 □电动座椅升降调节相关线路正常 □座椅升降调节电机正反转(上升、下降)运行正常
3.诊断排除电动座椅靠背倾角调节故障	(1)检测电动座椅靠背倾角调节开关按下(前)触点、按下(后)触点和关闭(OFF)状态触点的导通性; (2)检测电动座椅靠背倾角调节相关线路; (3)利用蓄电池为座椅靠背倾角调节电机直接供电,检查电机正反转(向前、向后)运行情况	□电动座椅靠背倾角调节开关按下(前)触点、按下(后)触点和关闭(OFF)状态触点均导通 □电动座椅靠背倾角调节相关线路正常 □座椅靠背倾角调节电动机正反转(向前、向后)运行正常

5.诊断排除中控门锁系统故障

诊断排除中控门锁系统故障操作方法及说明见表4-50。

诊断排除中控门锁故障操作方法及说明　　　　　　　　表4-50

步骤	操作方法及说明	质量标准及记录
1.诊断排除门锁控制开关开锁、锁止故障	(1)检测门锁控制开关开锁(UNLOCK)触点和锁止(LOCK)触点的导通性; (2)检测门锁控制开关相关线路; (3)利用蓄电池分别为驾驶人侧门锁电机和各乘员门锁电机直接供电,检查电机正反转(开锁、锁止)运行情况 门锁控制开关的操作 1-解锁;2-锁止	□门锁控制开关开锁触点和锁止触点导通 □门锁控制开关相关线路正常 □驾驶人侧门锁电机和各乘员门锁电机正反转(开锁、锁止)运行正常
2.诊断排除钥匙控制开关开锁、锁止故障	(1)检测门锁钥匙控制开关开锁(UNLOCK)触点和锁止(LOCK)触点的导通性; (2)检测门锁钥匙控制开关相关电路; (3)利用蓄电池分别为驾驶人侧门锁电动机和各乘员门锁电动机直接供电,检查电动机正反转(开锁、锁止)运行情况	□门锁钥匙控制开关开锁触点和锁止触点导通 □门锁钥匙控制开关相关线路正常 □驾驶人侧门锁电动机和各乘员门锁电动机正反转(开锁、锁止)运行正常

续上表

步　　骤	操作方法及说明	质量标准及记录
2.诊断排除钥匙控制开关开锁、锁止故障	 门锁钥匙控制开关的操作 1-锁止；2-解锁	

任务评价

辅助电器系统单个故障诊断排除考核评分记录见表4-51。

辅助电器系统单个故障诊断排除考核评分记录表　　　　表4-51

类别	序号	项　　目	考核内容及要求	配分	评分标准（各项配分扣完为止）	得分
专业知识 (20分)	1	刮水系统故障现象与原因分析	正确叙述刮水系统故障现象，分析故障原因	4	能回答问题，但回答不完整，按比例扣分；不能回答，扣4分	
	2	电动车窗系统故障现象与原因分析	正确叙述电动车窗系统故障现象，分析故障原因	4	能回答问题，但回答不完整，按比例扣分；不能回答，扣4分	
	3	电动后视镜系统故障现象与原因分析	正确叙述电动后视镜系统故障现象，分析故障原因	4	能回答问题，但回答不完整，按比例扣分；不能回答，扣4分	
	4	电动座椅系统故障现象与原因分析	正确叙述电动座椅系统故障现象，分析故障原因	4	能回答问题，但回答不完整，按比例扣分；不能回答，扣4分	
	5	中控门锁系统故障现象与原因分析	正确叙述中控门锁系统故障现象，分析故障原因	4	能回答问题，但回答不完整，按比例扣分；不能回答，扣4分	
操作技能 (80分)	1	劳保用品穿戴	劳保用品穿戴齐全	5	穿戴不全，不得分	
	2	选用工具、设备、材料	选用工具、设备、材料齐全准确	5	缺一件，扣1分；选错一件，扣1分	
	3	工作准备	准备项目齐全	5	准备不充分一项，扣2.5分	
	4	诊断排除刮水系统故障	正确描述刮水系统故障现象，诊断思路清晰，方法正确	9	方法错误，扣9分；未完成，扣4.5分	
		诊断排除电动车窗系统故障	正确描述电动车窗系统故障现象，诊断思路清晰，方法正确	9	方法错误，扣9分；未完成，扣4.5分	

续上表

类别	序号	项目	考核内容及要求	配分	评分标准(各项配分扣完为止)	得分
操作技能 (80 分)	4	诊断排除电动后视镜系统故障	正确描述电动后视镜系统故障现象,诊断思路清晰,方法正确	9	方法错误,扣9分;未完成,扣4.5 分	
		诊断排除电动座椅系统故障	正确描述电动座椅系统故障现象,诊断思路清晰,方法正确	9	方法错误,扣9分;未完成,扣4.5 分	
		诊断排除中控门锁系统故障	正确描述中控门锁系统故障现象,诊断思路清晰,方法正确	9	方法错误,扣9分;未完成,扣4.5 分	
	5	使用工具、设备、材料	工具、设备使用正确	5	工具、设备、材料使用不正确,一种扣2分	
					损坏、丢失一件工具,不得分	
	6	操作规程	操作规程执行情况	10	违反操作规程,不得分	
	7	清理现场 (5S 管理)	清理、擦洗并回收工具和设备	5	少收一件工具、设备,扣1分	
			分数总计	100	最终得分	

考核员签字:_____　　　　　　　　　　日期:_____年___月___日

任务 13　空调系统单个故障诊断排除(三级)

▶ 建议学时:4 学时

考核要求

一、知识要求

1. 掌握汽车空调制冷系统故障诊断方法。
2. 掌握手动空调系统电路故障诊断方法。
3. 掌握自动空调系统电路故障诊断方法。
4. 掌握空调取暖和通风系统故障诊断方法。

二、技能要求

1. 能诊断排除空调制冷系统故障。
2. 能诊断排除手动空调系统电路故障。
3. 能诊断排除自动空调系统电路故障。
4. 能诊断排除空调取暖和通风系统故障。

任务准备

一、汽车空调制冷系统故障诊断

1. 故障现象

制冷系统故障现象有不制冷、制冷不足、间歇性制冷和异响等。

2. 故障原因分析

不制冷的原因有传动带过松或断裂、制冷剂不足、鼓风机故障、压缩机故障、膨胀阀故障、储液干燥过滤器故障等。制冷不足的原因有制冷剂不足、传动带过松、送风量不足、压缩机故障、冷凝器故障、膨胀阀故障、储液干燥过滤器故障、蒸发器故障等。间歇性制冷的原因有制冷剂中有水分、鼓风机故障、压缩机故障、膨胀阀故障等。制冷系统异响的来源可能是传动带、压缩机、鼓风机、膨胀阀等。

3. 故障诊断流程

汽车空调制冷系统故障诊断流程如图4-49所示,诊断排除时应遵循"先易后难、先外后内"的原则,逐一排查检修。

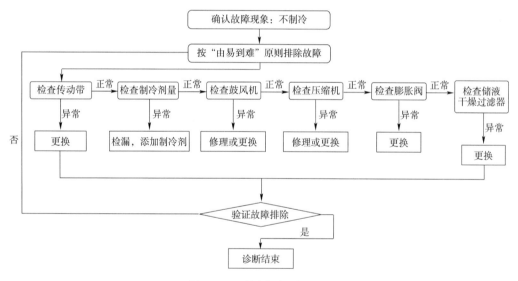

图4-49 不制冷故障诊断流程

二、手动空调系统电路故障诊断

1. 电路原理图

手动空调电磁离合器电路主要由电源、温度控制开关、制冷剂压力开关、继电器、电磁离合器线圈、工作指示灯等组成,如图4-50所示。

手动空调冷凝器风扇通常与发动机冷却风扇共用,其电路主要由电源、继电器、温度控制开关、制冷剂压力开关、冷凝风扇电动机等组成,如图4-51所示。

手动空调鼓风机电路主要由电源、继电器、调速开关、调速电阻、鼓风机电动机等组成,如图4-52所示。

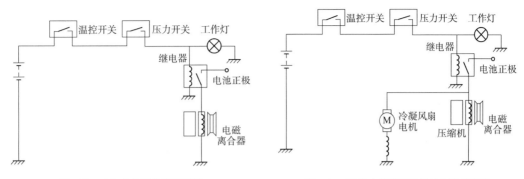

图 4-50 电磁离合器电路原理图　　　图 4-51 手动空调冷凝器风扇电路原理图

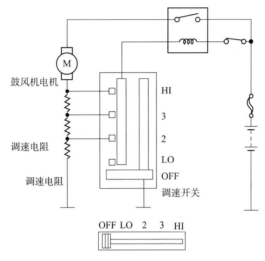

图 4-52 手动空调鼓风机电路原理图

2. 故障现象

手动空调电路故障现象有离合器不吸合、鼓风机不转、冷凝器风扇不转等。

3. 故障原因分析

手动空调电路故障包括电磁离合器电路故障、冷凝器风扇电路故障、鼓风机线路故障等，故障原因有开关故障、线路短路、断路、接触不良和元件损坏等。

4. 故障诊断流程

手动空调系统电路故障诊断流程如图 4-53 所示，诊断排除时应遵循"先易后难、先外后内"的原则，逐一排查检修。

三、自动空调系统电路故障诊断

1. 系统原理图

自动空调系统主要由各传感器和开关、空调控制 ECU 和各执行器等组成，如图 4-54 所示。

2. 故障现象

自动空调系统电路故障现象有制冷系统不工作或工作异常、通风系统不工作或工作异常、暖风系统不工作或工作异常等,此时通常在故障诊断仪中储存有相关的故障代码。

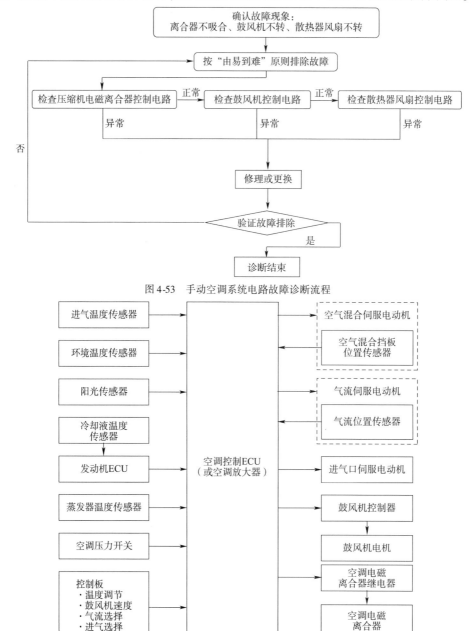

图 4-53　手动空调系统电路故障诊断流程

图 4-54　自动空调系统原理图

3. 故障原因分析

自动空调系统电路故障包括空调控制模块电源电路故障、开关故障、传感器电路故障、执行器电路、网络通信故障等,故障原因有线路短路、断路、接触不良和元件损坏等。

4. 故障诊断流程

自动空调系统电路故障诊断流程如图 4-55 所示,诊断排除时应遵循"先易后难、先外后内"的原则,逐一排查检修。

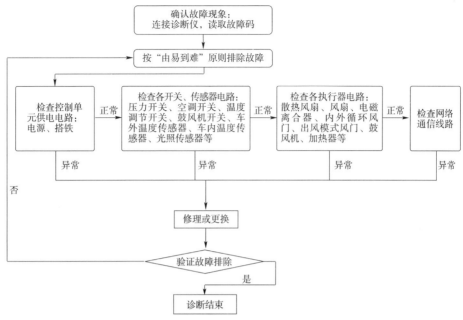

图 4-55　自动空调系统电路故障诊断流程

四、空调取暖和通风系统故障诊断

1. 故障现象

空调取暖和通风系统故障现象有不供暖、暖气不足、过热、出风量不足等。

2. 故障原因

空调取暖和通风系统故障原因有冷却液不足、冷却水管漏水、空调滤清器堵塞、鼓风机不转、加热器芯堵塞、暖风水阀失效、风门故障等。

3. 故障诊断流程

空调取暖和通风系统故障诊断流程如图 4-56 所示,诊断排除时应遵循"先易后难、先外后内"的原则,逐一排查检修。

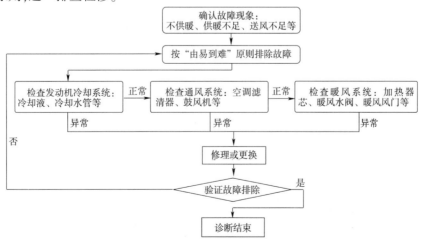

图 4-56　取暖和通风系统故障诊断流程

任务实施

一、实训资源

(1) 培训场地：维修工位 1 个。
(2) 实训车辆：轿车 1 辆或实训台架。
(3) 工具耗材与设备：工具车 1 辆，零件车 1 辆，车辆护件 1 套，个人防护用品 1 套，制冷系统检修工具 1 套，常用机修工具 1 套，万用表 1 只，故障诊断仪 1 套。

二、安全注意事项

(1) 操作人员应穿戴工作服和工作鞋，必要时佩戴的护目镜和手套。
(2) 使用歧管压力表和制冷剂回收加注机时，遵守设备操作规程。
(3) 不要将制冷剂直接排入环境中，小心被制冷剂冻伤。

三、操作过程

1. 诊断排除空调制冷系统故障

诊断排除空调制冷系统故障操作方法及说明见表 4-52。

诊断排除空调制冷系统故障操作方法及说明　　　　表 4-52

步骤	操作方法及说明	质量标准及记录
1. 诊断排除不制冷故障	(1) 检查传动带松紧度；	□传动带张紧力正常
	(2) 检查制冷剂量；	□制冷剂量充足
	(3) 检查鼓风机及控制电路工作情况；	□鼓风机工作正常
	(4) 检查压缩机及控制电路工作情况；	□压缩机工作正常

续上表

步　骤	操作方法及说明	质量标准及记录
1. 诊断排除不制冷故障	(5) 检查膨胀阀工作情况； (6) 检查储液干燥过滤器工作情况	□膨胀阀工作正常 □储液干燥过滤器工作正常
2. 诊断排除制冷不足故障	(1) 检查传动带松紧度； (2) 检查制冷剂填充量； (3) 检查鼓风机及控制电路工作情况； (4) 检查冷凝器和风扇工作情况； (5) 检查压缩机及控制电路工作情况； (6) 检查膨胀阀工作情况； (7) 检查储液干燥过滤器工作情况	□传动带张紧力正常 □制冷剂量充足 □鼓风机工作正常 □冷凝器表面无脏污，风扇工作正常 □压缩机工作正常 □膨胀阀工作正常 □储液干燥过滤器工作正常
3. 诊断排除间歇性制冷故障	(1) 检查压缩机电磁离合器工作情况； (2) 检查压力开关工作情况； (3) 检查制冷剂纯度	□线圈电阻值正常，结合面无磨损变形 □压力开关工作正常 □制冷剂中无水分
4. 诊断排除制冷系统异响故障	(1) 检查传动带运行情况； (2) 检查冷凝器风扇运行情况； (3) 检查鼓风机运行情况； (4) 检查压缩机运行情况； (5) 检查膨胀阀运行情况	□传动带无异响 □冷凝器风扇无异响 □鼓风机工作无异响 □压缩机工作无异响 □膨胀阀工作无异响

2. 诊断排除手动空调系统电路故障

诊断排除手动空调系统电路故障操作方法及说明见表4-53。

诊断排除手动空调系统电路故障操作方法及说明　　　表4-53

步　骤	操作方法及说明	质量标准及记录
1. 诊断排除电磁离合器不吸合故障	(1) 断开电磁离合器线束插头，检查搭铁电路； (2) 检查电源电路； (3) 检查电磁离合器继电器和控制电路； (4) 检查测试电磁离合器	□搭铁良好，无短路、断路、接触不良 □电源电路无短路、断路，通电电压高压高于12V □继电器控制电路无短路、断路，通电后正常吸合 □工作间隙正常，线圈电阻正常，无短路、断路，通电后工作正常

续上表

步　骤	操作方法及说明	质量标准及记录
2. 诊断排除鼓风机不转故障	（1）断开鼓风机线束插头，检查搭铁电路； （2）检查电源电路； （3）检查鼓风机控制模块和控制电路； （4）检查测试鼓风机	□搭铁良好，无短路、短路、接触不良 □电源电路无短路、短路，通电电压高压高于12V □鼓风机控制模块电路无短路、断路 □线圈电阻正常，无短路、断路，通电后工作正常
3. 诊断排除冷凝器风扇不转故障	（1）断开冷凝器风扇线束插头，检查搭铁电路； （2）检查电源电路； （3）检查冷凝器风扇继电器和控制电路； （4）检查测试冷凝器风扇。 注意：不要将手伸入冷凝器风扇运转范围，冷凝器风扇随时有可能运转	□搭铁良好，无短路、短路、接触不良 □电源电路无短路、短路，通电电压高压高于12V □继电器控制电路无短路、断路，通电后正常吸合 □散热风扇电动机线圈电阻正常，无短路、断路，通电后工作正常

3. 诊断排除自动空调系统电路故障

诊断排除自动空调系统电路故障操作方法及说明见表4-54。

诊断排除自动空调系统电路故障操作方法及说明　　　　表4-54

步　骤	操作方法及说明	质量标准及记录
诊断排除空调系统电路故障	根据故障代码指引，排除自动空调系统故障。 （1）连接故障诊断仪，读取自动空调相关故障代码； （2）检查自动空调控制模块供电路： ①检查搭铁电路； ②检查电源电路。 （3）检查自动空调传感器和开关电路和元件： ①检查车内温度传感器及电路； ②检查环境温度传感器及电路； ③检查蒸发器温度传感器及电路； ④检查日光传感器及电路；	□正确使用故障诊断仪，读取故障代码 □搭铁良好，无短路、断路、接触不良 □电源电路无短路、断路，通电电压高压高于12V □各传感器电路正常 □各传感器功能正常 □控制开关电路正常 □控制开关功能正常

续上表

步　骤	操作方法及说明	质量标准及记录
制冷系统不工作或工作异常、通风系统不工作或工作异常、暖风系统不工作或工作异常原因检查	⑤检查冷却液温度传感器及电路； ⑥检查制冷剂压力传感器及电路； ⑦检查压缩机锁止传感器及电路； ⑧检查风门位置传感器及电路； ⑨检查空调控制开关及电路。 （4）检查执行器电路和元件： ①检查电磁离合器线圈及控制电路； ②检查鼓风机电动机及控制电路； ③检查加热器及控制电路； ④检查进气风门控制伺服电动机、混合风门控制伺服电动机、送风模式控制伺服电动机及控制电路	□各执行器电路正常 □各执行器功能正常

4．诊断排除取暖和通风系统故障

诊断排除取暖和通风系统故障操作方法及说明见表4-55。

诊断排除取暖和通风系统故障操作方法及说明　　　　　表4-55

步　骤	操作方法及说明	质量标准及记录
1．诊断排除取暖系统不供暖、暖气不足、过热故障	（1）检查冷却液及管路； 检查冷却液量 1-冷却液储液罐；2-最高线；3-最低线 （2）检查节温器； （3）检查加热器芯； （4）检查暖风控制水阀	□冷却液足量，管路无泄漏 □节温器工作正常 □加热器芯无破损、堵塞 □暖风控制水阀工作正常
2．诊断排除通风系统出风量不足故障	（1）检查空调滤清器； （2）检查鼓风机及控制电路； （3）检查风门位置； （4）检查空气分配管路	□空调滤清器无堵塞 □鼓风机运行正常 □风门开关正常 □空气分配管路无破损和堵塞

 任务评价

空调系统单个故障诊断排除考核评分记录见表4-56。

空调系统单个故障诊断排除考核评分记录表

表 4-56

类别	序号	项目	考核内容及要求	配分	评分标准（各项配分扣完为止）	得分
专业知识（20分）	1	空调制冷系统故障现象、原因分析与诊断流程	正确叙述空调制冷系统故障现象，分析故障原因，叙述诊断流程	5	能回答问题，但回答不完整，按比例扣分；不能回答，扣5分	
	2	手动空调系统电路故障现象、原因分析与诊断流程	正确叙述手动空调系统电路故障现象，分析故障原因，叙述诊断流程	5	能回答问题，但回答不完整，按比例扣分；不能回答，扣5分	
	3	自动空调系统电路故障现象、原因分析与诊断流程	正确叙述自动空调系统电路系统故障现象，分析故障原因，叙述诊断流程	5	能回答问题，但回答不完整，按比例扣分；不能回答，扣5分	
	4	空调取暖和通风系统故障现象、原因分析与诊断流程	正确叙述空调取暖和通风系统故障现象，分析故障原因，叙述诊断流程	5	能回答问题，但回答不完整，按比例扣分；不能回答，扣5分	
操作技能（80分）	1	劳保用品穿戴	劳保用品穿戴齐全	5	穿戴不全，不得分	
	2	选用工具、设备、材料	选用工具、设备、材料齐全准确	5	缺一件，扣1分；选错一件，扣1分	
	3	工作准备	准备项目齐全	5	准备不充分一项，扣2.5分	
	4	诊断排除空调制冷系统故障	正确描述空调制冷系统故障现象，诊断思路清晰，方法正确	10	方法错误，扣15分；未完成，扣7.5分	
		诊断排除手动空调系统电路故障	正确描述手动空调系统电路故障现象，诊断思路清晰，方法正确	15	方法错误，扣15分；未完成，扣7.5分	
		诊断排除自动空调系统电路故障	正确描述自动空调系统电路故障现象，诊断思路清晰，方法正确	10	方法错误，扣15分；未完成，扣7.5分	
		诊断排除空调取暖和通风系统故障	正确描述空调取暖和通风系统故障现象，诊断思路清晰，方法正确	10	方法错误，扣10分；未完成，扣5分	
	5	使用工具、设备、材料	工具、设备使用正确	5	工具、设备、材料使用不正确，一种扣2分	
					损坏、丢失任意一件工具，不得分	
	6	操作规程	操作规程执行情况	10	违反操作规程，不得分	
	7	清理现场（5S管理）	清理、擦洗并回收工具和设备	5	少收一件工具、设备，扣1分	
		分数总计		100	最终得分	

考核员签字：_____ 日期：_____年____月____日

模 拟 试 题

汽车电器维修工技能等级认定四级
理论知识试卷(样卷)

注 意 事 项

1. 考试时间:90 分钟。
2. 请首先按要求在试卷的标封处填写您的姓名、准考证号和所在单位的名称。
3. 请仔细阅读各种题目的回答要求,在规定的位置填写您的答案。
4. 不要在试卷上乱写乱画,不要在标封区填写无关的内容。

题　号	一	二	总　分
得　分			

得　分	
评分人	

一、判断题(第 1~20 题。请将判断结果填入括号中,正确的填"√",错误的填"×"。每题 1 分,共 20 分)

(　)1. 职业道德不是虚无的,应体现在具体的职业活动中。

(　)2.《中华人民共和国固体废物污染环境防治法》规定,涉及固体废物的相关单位和其他生产经营者可以自由倾倒、堆放、丢弃、遗撒固体废物。

(　)3. 电路通路时,电流流过线路,用电器正常工作。

(　)4. 利用试灯可以显示电路中被测点电压的数值。

(　)5. 在维修工作中,工作人员只要注意安全、工作熟练,就可以不穿着工作鞋。

(　)6. 汽车一级维护的周期为出车前、行车中和收车后。

(　)7. 汽车起动机是将机械能转化为电能的装置。

(　)8. 电控燃油喷射系统中,喷油量控制是最基本也是最重要的控制内容。

(　)9. 冷却系统中,控制冷却液大小循环的部件是水温传感器。

(　)10. 测量排气背压时,以实际读数为准,没有必要与标准值对比。

(　)11. 汽车直线行驶时,两侧驱动轮所受的地面阻力相同、转速相等,此时差速器不起差速作用。

(　)12. 更换动力转向油后,应将转向油中的空气排除干净。

(　)13. 制动控制阀的作用是控制从储气筒充入制动气室和挂车制动控制阀的压缩

空气量,从而控制制动气室中的工作气压,并有渐进变化的随动作用,即保证制动气室的气压与踏板行程有一定的比例关系。

（　　）14. 防抱死制动系统出现故障后,常规制动系统将无法正常工作。

（　　）15. 为蓄电池充电时,应选择合适的充电电流和充电电压,避免充电过程中损坏蓄电池。

（　　）16. 起动机上的电磁开关控制端子30和端子50的通断。

（　　）17. 发电机输出端子B+通过电缆与蓄电池正极相连,发电机外壳通过搭铁与蓄电池负极相连。

（　　）18. 检查熔断器时,只需要目测熔断丝有无烧断即可。

（　　）19. 汽车中控门锁故障会影响车辆防盗系统工作。

（　　）20. 空调冷凝器正常工作时,进出口应有明显温差。

得　分	
评分人	

二、单项选择题（第1～80题。请选择一个正确答案,将相应字母填入括号内。每题1分,共80分）

1. 关于职业道德与事业的关系,说法正确的是(　　)。
   A. 没有职业道德,也可以取得事业成功
   B. 职业道德是事业成功的必备条件
   C. 有了职业道德,事业就一定能取得成功
   D. 职业道德和事业成功之间没有联系

2. 不符合汽车维修从业人员职业道德的是(　　)。
   A. 规范的着装　　　　　　B. 将废机油排入下水道
   C. 爱护客户的车辆　　　　D. 文明用语

3. 汽车维修工作中,不符合诚实守信基本要求的是(　　)。
   A. 按约定时间交车
   B. 维修过程中发现问题,先告知客户再处理
   C. 处理维修中产生的旧件,不需要经过客户同意
   D. 将客户遗忘的物品交还给客户

4. 属于半导体的材料是(　　)。
   A. 铁　　　　　B. 碳　　　　　C. 硅　　　　　D. 铝

5. 电路符号 ─▶─ 表示(　　)。
   A. 三极管　　　B. 二极管　　　C. 电阻　　　　D. 电容

6. 汽车交流发电机的整流器利用了二极管的(　　)。
   A. 单向导电性　　　　　　B. 反向击穿特性
   C. 光电效应　　　　　　　D. 发光特性

7. 液压传动中,液压油的最主要的作用是(　　)。
   A. 润滑　　　　B. 冷却　　　　C. 传力　　　　D. 防锈

8. 测量活塞销直径,应选用( )。
   A. 钢直尺　　　B. 游标卡尺　　　C. 外径千分尺　　　D. 直角尺
9. 行驶系统的作用不包含( )。
   A. 支撑汽车重量　　　　　　　B. 传递车轮的各种力
   C. 保证车辆适时转向　　　　　D. 保证车辆行驶平顺
10. 关于汽车蓄电池,说法错误的是( )。
    A. 是一个低压直流电源　　　　B. 可以实现机械能和电能的转换
    C. 起动时,为起动机供电　　　D. 发动机不工作时,可以为附件供电
11. 关于汽车发电机,说法错误的是( )。
    A. 可以将机械能转化为电能
    B. 车辆行驶时,发电机为用电设备供电,同时为蓄电池充电
    C. 为了让发电机正常发电,传动带的张紧度应越紧越好
    D. 目前汽车多采用三相交流发电机
12. 关于纯电动汽车,说法错误的是( )。
    A. 辅助动力源一般为12V或24V的直流低压电源
    B. 电源模块主要包括动力蓄电池、电池管理系统及车载充电机等
    C. 电力驱动模块由电子控制器、驱动电机控制器、驱动电机、机械传动装置和车轮等部分构成
    D. 可以通过内燃机带动发电机发电,为动力蓄电池提供能量
13. 汽车在修理中发生火灾时,应使用灭火器对准( )扑灭火焰。
    A. 火焰顶部　　　　　　　B. 火焰根部
    C. 火焰中心　　　　　　　D. 火焰周围
14. 车辆维修实行预防为主、定期检测、强制维护、( )的原则。
    A. 不用修理　　　B. 视情修理　　　C. 尽量修理　　　D. 全部修理
15. 关于机油压力指示灯检查,说法错误的是( )。
    A. 机油压力指示灯位于组合仪表内
    B. 机油压力指示灯点亮,说明机油压力过高
    C. 若机油压力指示灯常亮,表明润滑系统可能存在故障
    D. 机油压力指示灯的点亮受机油压力开关的控制
16. 燃料供给系统的检查内容一般不包括( )。
    A. 燃油的牌号　　　　　　　B. 燃油泄漏
    C. 燃油管连接情况　　　　　D. 燃油管是否老化
17. 两位技师在讨论空气滤清器滤芯的清洁方法。技师甲说:"用压缩空气按与进气流相反的方向清洁滤芯并清洁滤清器壳内的灰尘。"技师乙说:"用压缩空气按与进气流相同的方向清洁滤芯并清洁滤清器壳内的灰尘。"谁说的正确?( )
    A. 技师甲正确　　　　　　　B. 技师乙正确
    C. 两人都正确　　　　　　　D. 两人均不正确
18. 两位技师在讨论进(排)气系统密封性的方法。技师甲说:"起动发动机,检查进气

系统连接管路接头处有无漏气。"技师乙说:"检视排气系统有无泄漏,排气管有无锈蚀破损,排气管螺栓有无松动,排气噪声是否正常。"谁说的正确?( )
  A. 技师甲正确   B. 技师乙正确
  C. 两人都正确   D. 两人均不正确

19. 关于检查和更换传动带的方法,说法错误的是( )。
  A. 传动带上有少许油污对其工作没有影响
  B. 调整传动带张紧度至规定值
  C. 按正确位置安装传动带
  D. 安装前检查传动带外观和方向

20. 关于检查和更换正时传动带的方法,说法错误的是( )。
  A. 对准凸轮轴正时标记
  B. 对准曲轴正时标记
  C. 安装正时传动带后,应旋转曲轴1圈确认正时标记对准
  D. 调整正时传动带张紧度至规定值

21. 汽车底盘一级维护作业项目不包括( )。
  A. 检查、紧固底盘螺栓和螺母
  B. 检查轮毂和轮胎
  C. 检查变速器齿轮油
  D. 调整离合器踏板自由行程

22. 传动轴的检查内容一般不包括( )。
  A. 检查传动轴有无弯曲
  B. 检查平衡块有无脱落
  C. 检查连接螺栓有无松动
  D. 检查传动轴有无掉漆

23. 关于制动液的检查和更换,说法错误的是( )。
  A. 检查制动液中的含水量是否超标
  B. 检查制动液液面高度是否符合规定值
  C. 检查制动液有无渗漏
  D. 更换制动液不需要进行排空

24. 检查轮胎花纹磨损情况,轮胎花纹深度应不小于( )mm。
  A. 2   B. 1.6   C. 1   D. 2.5

25. 在进行底盘维护作业时,错误的做法是( )。
  A. 做好个人防护   B. 做好车辆防护
  C. 规范操作举升机   D. 将工具临时放在地面

26. 汽车底盘二级维护作业项目不包括( )。
  A. 检查、调整离合器踏板自由行程
  B. 检查、调整制动踏板自由行程
  C. 检查、调整变速器轴承间隙

D. 检查、调整轮毂轴承

27. 汽车电器设备一级维护前,不需要进行的准备工作是( )。
   A. 安装车轮挡块
   B. 安装尾气收集装置
   C. 安装座椅套、转向盘套、地板垫
   D. 举升车辆

28. 两位技师在讨论组合仪表检查方法。技师甲说:"打开点火开关,组合仪表进行自检,所有指示灯会短暂点亮然后熄灭。"技师乙说:"如果组合仪表显示不正确,则一定是组合仪表故障导致。"谁说的正确? ( )
   A. 技师甲正确   B. 技师乙正确
   C. 两人都正确   D. 两人均不正确

29. 不属于刮水器和喷水器检查项目的是( )。
   A. 检查低速挡工作情况   B. 检查高速挡工作情况
   C. 检查间歇挡工作情况   D. 检查自动挡工作情况

30. 两位技师在讨论电动座椅的检查方法。技师甲说:"应当坐在座椅上,起动发动机后进行电动座椅功能检查。"技师乙说:"只要检查电动座椅前后滑动功能正常,上下升降和靠背功能就不需要再检查。"谁说的正确? ( )
   A. 技师甲正确   B. 技师乙正确
   C. 两人都正确   D. 两人均不正确

31. 检查空调系统性能时应具备的条件,说法不正确的是( )。
   A. 起动发动机至正常工作温度   B. 打开所有的门窗
   C. 温度调至最高   D. 鼓风机速度调至最大

32. 关于蓄电池的检查,说法错误的是( )。
   A. 如有裂纹和漏液,应更换蓄电池
   B. 在发动机未起动状态下,检查蓄电池接线是否牢固
   C. 如果是免维护蓄电池,则不需要进行检查
   D. 必要时清洁和紧固正负极柱连接处

33. 关于自动挡汽车的起动操作,说法错误的是( )。
   A. 在P挡和N挡均可起动
   B. 在R挡时,无法进行起动
   C. 起动时,应先踩下离合器踏板
   D. 在D挡时,无法进行起动

34. 不属于充电系统的组成部件是( )。
   A. 蓄电池   B. 点火开关   C. 起动机   D. 发电机

35. 关于发电机总成的拆装方法,说法错误的是( )。
   A. 先断开蓄电池负极电缆,再拆卸发电机端子B+
   B. 先安装发电机端子B+,再连接蓄电池负极电缆
   C. 不需要拆卸传动带

D. 安装完毕,起动发动机,检查发电机运行状况

36. 关于起动机总成的拆装方法,说法错误的是（　　）。
   A. 先断开蓄电池负极电缆,再拆卸起动机端子30
   B. 先安装蓄电池负极电缆,再连接起动机端子30
   C. 必要时举升车辆进行操作
   D. 安装完毕,起动发动机,检查起动机运行状况

37. 拆装液压转向助力泵总成时,不需要的操作是（　　）。
   A. 排放液压转向助力油　　　　B. 拆卸传动带
   C. 拆卸转向器　　　　　　　　D. 拆卸液压转向助力泵上的油管

38. 拆装曲轴前传动带轮（扭转减振器）时,不需要的操作是（　　）。
   A. 对准正时记号　　　　　　　B. 拆卸传动带
   C. 拆卸曲轴前传动带轮螺栓　　D. 使用专用工具

39. 汽缸压力检测时,节气门的位置是（　　）。
   A. 全关　　　　　　　　　　　B. 打开二分之一
   C. 怠速状态　　　　　　　　　D. 全开

40. 进气歧管真空度检测时,发动机应处于（　　）。
   A. 冷机状态　　B. 中温状态　　C. 正常工作温度　　D. 过热状态

41. （　　）能从汽车排气管中采集气样,对其中的气体含量进行分析。
   A. 尾气分析仪　　B. 三元催化装置　　C. 氧传感器　　D. 排气背压表

42. 故障码P0123中,P代表（　　）。
   A. 动力系统故障　　　　　　　B. 底盘故障
   C. 车身故障　　　　　　　　　D. 通信系统故障

43. 电动汽油泵一般安装在（　　）。
   A. 汽油箱外部　　　　　　　　B. 汽油箱内部
   C. 汽油滤清器内部　　　　　　D. 汽油油轨上方

44. 点火系统中,将低压电转化为高压电的部件是（　　）。
   A. 火花塞　　　B. 高压线　　　C. 点火线圈　　　D. 点火控制单元

45. 下列传感器中,将转速信号转化为电信号的是（　　）。
   A. 进气温度传感器　　　　　　B. 进气压力位置传感器
   C. 爆震传感器　　　　　　　　D. 曲轴位置传感器

46. 下列部件中,属于执行器的是（　　）。
   A. 点火开关　　　　　　　　　B. 活性炭罐电磁阀
   C. 凸轮轴位置传感器　　　　　D. 空气流量计

47. 冷却系统中,把冷却液中的热量传递给空气的装置是（　　）。
   A. 节温器　　　　　　　　　　B. 水泵
   C. 散热器　　　　　　　　　　D. 冷却液温度传感器

48. 散热器盖由（　　）和真空阀组成。
   A. 压力阀　　　B. 单向阀　　　C. 旁通阀　　　D. 常闭阀

49. 检查冷却风扇时,使用(　　)驱动电机运转。
    A. 发电机　　　　　　　　　B. 车辆蓄电池
    C. 辅助蓄电池　　　　　　　D. 市电
50. 检查发动机进气系统连接部位密封情况,适宜采用哪种方法?(　　)
    A. 肥皂水检漏　　　　　　　B. 倾听
    C. 真空检漏　　　　　　　　D. 荧光剂检漏
51. 自动变速器主要由(　　)、行星齿轮传动机构、液压控制系统、电子控制系统和冷却滤油装置组成。
    A. 离合器　　　B. 换挡机构　　　C. 液力变矩器　　　D. 同步器
52. 关于电控自动变速器油液,说法错误的是(　　)。
    A. 变速器的正常油温是50℃~80℃
    B. 变速器油液正常工作情况下能行驶约20000km或12个月
    C. 变速器油液正常颜色呈粉红色
    D. 变速器油液液面热机时应在油尺的"HOT"范围内
53. 在发动机前置、后轮驱动的汽车传动系中,一般万向节采用的是(　　)。
    A. 普通刚性十字轴　　　　　B. 准等速
    C. 等角速　　　　　　　　　D. 球叉式
54. 轿车上常采用的主减速器是(　　)。
    A. 双级主减速器　B. 单级主减速器　C. 双速主减速器　D. 轮边主减速器
55. 前轮前束的主要作用是(　　)。
    A. 减轻或消除因前轮外倾所造成的不良后果
    B. 使车轮自动回正
    C. 减少轮胎磨损
    D. 形成车轮回正的稳定力矩
56. 车轮动平衡时,动不平衡量应小于(　　)g,显示合格为止。
    A. 3　　　　　　B. 4　　　　　　C. 5　　　　　　D. 6
57. 关于扒胎的主要流程,说法正确的是(　　)。
    A. 放气-压出轮圈-涂抹润滑脂-扒出轮胎
    B. 放气-涂抹润滑脂-压出轮圈-扒出轮胎
    C. 涂抹润滑脂-放气-压出轮圈-扒出轮胎
    D. 涂抹润滑脂-放气-扒出轮胎-压出轮圈
58. 机械式转向传动机构主要由转向垂臂、纵拉杆、转向节臂、左右梯形臂、(　　)等组成。
    A. 转向器　　　B. 横拉杆　　　C. 转向油泵　　　D. 转向油罐
59. 采用齿轮齿条式转向器时,由于不需要(　　),所以转向传动机构更简单。
    A. 转向节臂　　B. 转向盘　　　C. 转向摇臂　　　D. 转向横拉杆
60. 循环球式转向器有(　　)级传动副。
    A. 一　　　　　B. 二　　　　　C. 三　　　　　D. 四

61. 在盘式制动器摩擦副中,旋转元件的工作表面是(　　)。
    A. 端平面　　　B. 圆柱面　　　C. 圆球面　　　D. 以上都不是

62. 技师甲说:"安装新的制动摩擦片时,应当在制动摩擦片的两端金属部位涂上少量的制动器润滑脂。"技师乙说:"安装新的制动摩擦片时,在制动底板金属与制动摩擦片金属相接触的地方均应涂上润滑脂。"谁说的正确？(　　)
    A. 技师甲正确　　　　　　　B. 技师乙正确
    C. 两人都正确　　　　　　　D. 两人均不正确

63. (　　)装置用于汽车行驶时减速或停车。
    A. 行车制动　　　　　　　　B. 驻车制动
    C. 完全制动　　　　　　　　D. 中央制动

64. 盘式制动器的制动盘固定在(　　)。
    A. 轮毂上　　　　　　　　　B. 转向节上
    C. 制动鼓上　　　　　　　　D. 活塞上

65. 更换蓄电池后,应检查的项目一般不包括(　　)。
    A. 蓄电池品牌是否正确
    B. 正负极电缆接头是否松动
    C. 蓄电池安装是否牢固
    D. 新蓄电池外观、型号及蓄电池性能是否正常

66. 检测起动机电磁开关,不按压活动铁芯,端子30与端子C电阻应(　　)。
    A. 小于1Ω　　　　　　　　　B. 大于1Ω
    C. 无穷大　　　　　　　　　D. 大于10Ω

67. 关于发电机整流器的检修,说法错误的是(　　)。
    A. 目视检查整流器外观有无异常
    B. 测量正极侧二极管单向导通性
    C. 测量负极侧二极管单向导通性
    D. 二极管正向不导通,反向导通

68. 汽车发电机无负载测试时,电压表标准电压一般应为(　　)。
    A. 13.2~14.8V　　　　　　　B. 12V
    C. 大于14.8V　　　　　　　 D. 24V

69. 关于制动灯,说法错误的是(　　)。
    A. 驾驶人踩制动踏板时,制动灯点亮
    B. 制动灯颜色为红色
    C. 制动灯开关安装在制动液储液罐上
    D. 有些车安装了高位制动灯

70. 两位技师在讨论喇叭电路。技师甲说:"喇叭开关控制喇叭继电器线圈搭铁。"技师乙说:"喇叭继电器控制喇叭的供电。"谁说的正确？(　　)
    A. 技师甲正确　　　　　　　B. 技师乙正确
    C. 两人都正确　　　　　　　D. 两人均不正确

71. 关于继电器,说法错误的是( )。
   A. 可以实现小电流控制大电流
   B. 继电器小电流线路通常连接开关或控制单元
   C. 通过继电器线圈的是大电流
   D. 继电器大电流线路通常连接电器负载

72. 两位技师在讨论刮水器电机的检查方法。技师甲说:"利用蓄电池直接为刮水器电机通电,检查刮水器电机高低速运转是否正常。"技师乙说:"还应检查刮水器电机自动停止位置是否正常。"谁说的正确?( )
   A. 技师甲正确   B. 技师乙正确
   C. 两人都正确   D. 两人均不正确

73. 两位技师在讨论车窗电机的检查方法。技师甲说:"将蓄电池正负极电压加到对应的连接器端子上,检查车窗电机运转情况。"技师乙说:"车窗电机只需要一个方向旋转正常即可。"谁说的正确?( )
   A. 技师甲正确   B. 技师乙正确
   C. 两人都正确   D. 两人均不正确

74. 两位技师在讨论电动座椅电机的检查方法。技师甲说:"将蓄电池正负极电压加到电动座椅电机对应的连接器端子上,如果正向运转正常,则反向应停止运转。"技师乙说:"检查发现电动座椅电机损坏,一般应解体维修而不是整体更换。"谁说的正确?( )
   A. 技师甲正确   B. 技师乙正确
   C. 两人都正确   D. 两人均不正确

75. 空调制冷系统中,为制冷剂循环提供动力的是( )。
   A. 冷凝器风扇电机   B. 鼓风机
   C. 压缩机   D. 膨胀阀

76. 关于汽车空调冷凝器的工作原理,说法错误的是( )。
   A. 冷凝器正常工作时,下方会有流水现象
   B. 冷凝器将气态制冷剂转化为液态制冷剂
   C. 制冷剂经过冷凝器内部管路后,温度降低
   D. 空气经过冷凝器外部散热片后,温度升高

77. 汽车空调制冷剂压力开关的安装位置是( )。
   A. 低压管路上   B. 高压管路上   C. 蒸发器上   D. 冷凝器上

78. 关于汽车空调的检漏位置,不需要检查( )。
   A. 冷却液软管
   B. 所有使用密封垫圈或O型密封圈的接头或连接处
   C. 空调压力开关
   D. 检修口

79. 两位技师在讨论使用百分表检测汽车空调电磁离合器工作间隙的方法。技师甲说:"使用百分表时,需与磁力表座配合使用。"技师乙说:"使用百分表时,需要保留合适的预压量。"谁说的正确?( )

A. 技师甲正确 B. 技师乙正确
C. 两人都正确 D. 两人均不正确

80. 空调歧管压力表不具有下列哪项功能？（   ）

A. 检查制冷系统高压管路压力

B. 检查制冷系统低压管路压力

C. 检查制冷剂纯度

D. 加注制冷剂

汽车电器维修工技能等级认定四级技能考核试卷(样卷)

注 意 事 项

1. 考试时间:120 分钟。
2. 请首先按要求在试卷的标封处填写您的姓名、准考证号和所在单位的名称。
3. 请仔细阅读各种题目的回答要求,在规定的位置填写您的答案。
4. 不要在试卷上乱写乱画,不要在标封区填写无关的内容。

题 号	一	二	三	四	总 分
得 分					

得 分	
评分人	

一、检查、调整及更换发动机传动带

1. 本题分值:30 分
2. 考核时间:30min
3. 考核形式:实际操作
4. 具体考核要求:
(1)正确、规范使用工量具。
(2)正确拆卸传动带。
(3)正确检查传动带外观。
(4)正确安装传动带,调整张紧度,检查安装情况。
(5)作业过程规范、安全、有序、整洁、合理。
5. 否定项说明:
若考生发生下列情况之一,则应及时终止其考试,考生该试题成绩记为零分。
(1)考生没按规定要求穿戴劳保用品。
(2)操作过程中出现严重违规操作。
(3)造成人身伤害或设备损坏。
6. 作业工单:

序号	操作步骤	作业内容	完成情况
1	作业前准备	穿戴个人防护用品	□已完成 □未完成
		确认设备、工具和资料等齐全、完好	□已完成 □未完成
		确认车辆停放可靠、防护件安装正确	□已完成 □未完成

续上表

序号	操作步骤	作业内容	完成情况
2	拆卸传动带	拆卸前,做好方向标记	□已完成 □未完成
		将传动带张紧度调至最松状态,取下传动带	□已完成 □未完成
3	检查传动带外观	目视检查传动带外观有无油污、脱层、龟裂或变形等缺陷	□正常 □异常
4	安装传动带	按方向标记安装传动带	□已完成 □未完成
		调整传动带张紧度至规定值	偏移量测量值为:_____ 张紧度测量值为:_____
5	完工检查	检查传动带张紧度和安装情况	□正常 □异常
6	清洁整理	清理现场(5S管理)	□已完成 □未完成

得 分	
评分人	

二、检测点火系统电路

1. 本题分值:30分
2. 考核时间:30min
3. 考核形式:实际操作
4. 具体考核要求:
(1)正确、规范使用工量具。
(2)正确拆装、检测点火线圈。
(3)正确检测火花塞。
(4)作业过程规范、安全、有序、整洁、合理。
5. 否定项说明:
若考生发生下列情况之一,则应及时终止其考试,考生该试题成绩记为零分。
(1)考生没按规定要求穿戴劳保用品。
(2)操作过程中出现严重违规操作。
(3)造成人身伤害或设备损坏。
6. 作业工单:

序号	操作步骤	作业内容	完成情况
1	作业前准备	穿戴个人防护用品	□已完成 □未完成
		确认设备、工具和资料等全、完好	□已完成 □未完成
		确认车辆停放可靠、防护件安装正确	□已完成 □未完成
2	拆装、检测点火线圈	断开所有喷油器连接器	□已完成 □未完成
		拆下点火线圈(请考官指定的1个缸)	□已完成 □未完成
		目视检查点火线圈外观有无破损、脏污等异常	□正常 □异常
		将火花塞安装到点火线圈并搭铁	□已完成 □未完成

续上表

序号	操作步骤	作业内容	完成情况
2	拆装、检测点火线圈	检查发动机运转过程中火花塞跳火情况,判断是否正常(请考官协助起动发动机)	□正常 □异常
		安装点火线圈和喷油器连接器	□已完成 □未完成
3	检测火花塞	目视检查火花塞外观有无破损、松动、脏污等异常	□正常 □异常
		检查火花塞绝缘电阻,根据标准值,判断是否正常	测量值为:_____ □正常 □异常
		检查火花塞电极间隙,根据标准值,判断是否正常	测量值为:_____ □正常 □异常
4	清洁整理	清理现场(5S管理)	□已完成 □未完成

得 分	
评分人	

三、检查车轮动平衡

1. 本题分值:20分
2. 考核时间:30min
3. 考核形式:实际操作
4. 具体考核要求:
(1)正确、规范使用车轮动平衡机。
(2)按操作规程,正确检查、调整车轮动平衡。
(3)作业过程规范、安全、有序、整洁、合理。
5. 否定项说明:
若考生发生下列情况之一,则应及时终止其考试,考生该试题成绩记为零分。
(1)考生没按规定要求穿戴劳保用品。
(2)操作过程中出现严重违规操作。
(3)造成人身伤害或设备损坏。
6. 作业工单:

序号	操作步骤	作业内容	完成情况
1	作业前准备	穿戴个人防护用品	□已完成 □未完成
		确认设备、工具和资料等齐全、完好	□已完成 □未完成
2	检查、调整车轮动平衡	检查轮胎气压是否正常	□正常 □异常
		除掉车轮上的铅块,清理轮胎花纹夹石	□已完成 □未完成
		将车轮安装到平衡机上	□已完成 □未完成
		接通平衡机电源,用尺子测量轮辋与平衡机间的距离,在平衡机上输入数值	轮辋与平衡机间的距离为:_____

续上表

序号	操作步骤	作业内容	完成情况
2	检查、调整车轮动平衡	放下防护罩,按下开始按键开始测量	□已完成 □未完成
		车轮自动停转后,从指示台上读出车轮内、外不平衡量和位置	□已完成 □未完成
		用手转动车轮至装置发出信号时停止,根据显示轮辋边缘的不平衡量和位置,进行配重并卡牢固	□已完成 □未完成
		重复操作,直至动不平衡量小于5g、显示合格为止	动不平衡量为:_____
		关闭平衡机电源,取下车轮	□已完成 □未完成
3	清洁整理	清理现场(5S管理)	□已完成 □未完成

得 分	
评分人	

四、检修发电机总成

1. 本题分值:20分

2. 考核时间:30min

3. 考核形式:实际操作

4. 具体考核要求:

(1)正确、规范使用工量具。

(2)正确检查发电机总成外观。

(3)正确检测定子总成。

(4)正确检测转子总成。

(5)正确检测电刷组件。

(6)正确检测整流器。

(7)作业过程规范、安全、有序、整洁、合理。

5. 否定项说明:

若考生发生下列情况之一,则应及时终止其考试,考生该试题成绩记为零分。

(1)考生没按规定要求穿戴劳保用品。

(2)操作过程中出现严重违规操作。

(3)造成人身伤害或设备损坏。

6. 作业工单:

序号	操作步骤	作业内容	完成情况
1	作业前准备	穿戴个人防护用品	□已完成 □未完成
		确认设备、工具和资料等齐全、完好	□已完成 □未完成
2	检查发电机总成外观	目视检查前端盖、后端盖、后罩盖是否开裂、破损、变形等异常	□正常 □异常

续上表

序号	操作步骤	作业内容	完成情况
2	检查发电机总成外观	目视检查风扇与传动带轮有无变形和破损等异常	□正常 □异常
		检查端盖前、后轴承运转情况	□正常 □异常
3	检测定子总成	目视检查定子总成外观是否掉漆、磨损等异常	□正常 □异常
		检测定子绕组间的导通性	测量值为：_____ □正常 □异常
		检测定子绕组和壳体之间的绝缘性，判断是否正常	测量值为：_____ □正常 □异常
4	检测转子总成	目视检查转子总成是否松动、变形、烧蚀等异常	□正常 □异常
		检测转子绕组电阻，根据标准值，判断是否正常	测量值为：_____ □正常 □异常
		检测转子绕组与转轴壳体之间的绝缘性，判断是否正常	测量值为：_____ □正常 □异常
		用游标卡尺测量滑环的外径，根据标准值，判断是否正常	测量值为：_____ □正常 □异常
5	检测电刷组件	目视检查电刷组件外观有无异常	□正常 □异常
		用游标卡尺检测电刷中部尺寸，判断是否正常	测量值为：_____ □正常 □异常
6	检测整流器	目视检查整流器外观有无异常	□正常 □异常
		使用万用表二极管挡，测量二极管单向导通性，判断是否正常	正极二极管： □正常 □异常 负极二极管： □正常 □异常
7	清洁整理	清理现场(5S管理)	□已完成 □未完成

参 考 文 献

[1] 上汽通用汽车有限公司.汽车发动机机械及检修[M].北京:高等教育出版社,2016.
[2] 张启林.汽车常用工量具使用[M].2版.北京:机械工业出版社,2021.
[3] 人力资源社会保障部教材办公室.汽车维修工(中级)[M].北京:中国人力资源和社会保障局出版集团,2021.
[4] 人力资源社会保障部教材办公室.汽车维修工(初级)[M].北京:中国人力资源和社会保障局出版集团,2021.
[5] 庞柳军,曾晖泽.汽车制动系统维修工作页[M].3版.北京:人民交通出版社股份有限公司,2020.
[6] 武华,何才.汽车底盘构造与拆装工作页[M].3版.北京:人民交通出版社股份有限公司,2020.
[7] 巫兴宏,齐忠志.汽车自动变速器维修工作页[M].3版.北京:人民交通出版社股份有限公司,2020.
[8] 刘付金文,徐正国.汽车悬架与转向系统维修工作页[M].3版.北京:人民交通出版社股份有限公司,2020.
[9] 郭忠菊.汽车底盘构造与维修[M].北京:机械工业出版社,2021.
[10] 林志伟,冯明杰.汽车空调系统维修工作页[M].3版.北京:人民交通出版社股份有限公司,2020.
[11] 蔡北勤,陈楚文.汽车车身电器维修工作页[M].3版.北京:人民交通出版社股份有限公司,2020.
[12] 林文工,李琦.汽车发动机电器维修工作页[M].3版.北京:人民交通出版社股份有限公司,2020.
[13] 齐忠志,林志伟.汽车构造[M].2版.北京:人民交通出版社股份有限公司,2022.
[14] 交通运输部职业资格中心.汽车检测工、汽车机械维修工、汽车电器维修工职业技能鉴定教材(初级、中级、高级)[M].北京:人民交通出版社股份有限公司,2017.
[15] 韩东.汽车维护与保养[M].北京:高等教育出版社,2018.